TU T'APPELLES RENÉE

PAROLES D'UNE ENFANT CACHÉE

DANS LA FRANCE DE VICHY (1940–1944)

TU T'APPELLES RENÉE

PAROLES D'UNE ENFANT CACHÉE

DANS LA FRANCE DE VICHY (1940–1944)

STACY CRETZMEYER

TRADUIT DE L'ANGLAIS PAR

RUTH KAPP HARTZ

DONT C'EST L'HISTOIRE

AVANT-PROPOS DE BEATE KLARSFELD

Beach Lloyd
PUBLISHERS
LLC

WAYNE, PENNSYLVANIA

Beach Lloyd Publishers LLC, July 2005
Copyright © 1999 by Stacy Cretzmeyer
Foreword copyright © 1999 by Oxford University Press, Inc.
Copyright © 2005 by Beach Lloyd Publishers, LLC and
Ruth Kapp Hartz

Stacy Cretzmeyer
Traduit de l'anglais par Ruth Kapp Hartz
Tu t'appelles Renée : Paroles d'une enfant cachée
    dans la France de Vichy (1940–1944)

ISBN 0-9743158-2-6
Printed in the United States of America
Library of Congress Control Number: 2004114127

Book design, editing and French references by Joanne S. Silver
Assistant to the editor, Patricia Brigidi
Technical Director, Ronald Silver
Cover by Kevin Bugge
Assistant Proofreader, Marie-Laure Chemin
Photographs provided by Ruth Kapp Hartz

This translation of *Your Name is Renée,* released in English in 1999, is published by arrangement with Oxford University Press, Inc.
Cette traduction de Your Name is Renée, *parue en anglais en 1999, est publiée après accord avec les Presses Universitaires d'Oxford, constituées en corporation.*

Permission granted to print excerpt from *Le Petit Prince,* Antoine de Saint Exupéry. © **Éditions Gallimard**, Paris.

Ce livre est dédié à mes parents,
dont le courage, la force d'âme et
la prévoyance nous ont permis de
traverser les années noires entre
1939 et 1945.

À mon mari, Harry, qui m'a donné
le courage et l'amour de retrouver
mon enfance perdue.

À mes enfants, Diane et Eric,
et à mes précieux petits-enfants,
Jordan, Sarai, Jessica, Samantha,
Melinda et Ethan,
pour qu'ils soient au courant.

Ruth Kapp Hartz

vi

TABLE DES MATIÈRES

ILLUSTRATIONS

Avant-propos
Beate Klarsfeld

En juin 1940, au moment de la défaite française, environ 320 000 Juifs vivaient en France. Quatre ans plus tard, après la Libération, un quart avait péri. Sur ce nombre, 76 000 avaient été déportés ; 3 000 avaient été envoyés dans des camps français ; et 1 000 avaient été exécutés. La moitié de ces 320 000 Juifs étaient français ; parmi eux, beaucoup avaient été naturalisés. L'autre moitié était composée d'étrangers. Certains étaient venus en France dans les années 20, après l'effusion de sang de la Première Guerre mondiale, lorsque le pays avait grand besoin d'ouvriers. D'autres, des réfugiés, avaient fui l'Allemagne d'Hitler ou l'Anschluss (le « rattachement ») de l'Autriche. Ce sont ces réfugiés juifs venus d'Allemagne et d'Autriche qui couraient le plus grand risque au moment de la persécution.

Le 2 septembre 1939, au début de la guerre, des hommes de toutes les régions du pays — ceux que la France avait choisi de considérer comme des « ressortissants d'un pays ennemi » — étaient internés dans des camps. Les femmes regardées comme suspectes étaient déportées dans le Sud, au camp de Rieucros en Lozère. En mai 1940, lorsque les Allemands envahirent la France, encore un plus grand nombre de femmes et d'enfants furent arrêtés, la plupart étant envoyés au camp de Gurs dans les Pyrénées-Atlantiques. Bien que beaucoup aient été libérés après l'armistice, quelques mois plus tard, le 4 octobre 1940, en vertu des lois anti-juives de Vichy et du Maréchal Pétain, les préfets eurent l'autorisation d'arrêter de façon arbitraire et d'interner les « étrangers de race juive » dans des camps spéciaux.

Une fois de plus, les camps se remplissaient de victimes. Certains, arrêtés en tant qu'Allemands ou Autrichiens l'année précédente lorsque la France était en guerre, étaient à nouveau arrêtés en tant qu'« étrangers de race juive », maintenant que le pays collaborait avec les nazis.

Pour la petite Ruth, âgée de quatre ans, la saga de sa famille juive allemande commença en 1941 à Toulouse, dans la Zone libre, gouvernée par Vichy, où aucun soldat allemand n'était cantonné. Là, il y avait aussi des milliers de familles juives étrangères internées dans des camps, quelquefois dans des conditions inhumaines. Dans la Zone occupée, les camps destinés aux hommes juifs avaient été établis en mai 1941 ; mais à partir de juillet 1942, les femmes et enfants juifs devinrent également la cible d'arrestations.

L'histoire de Ruth est exemplaire ; elle s'insère dans un contexte historique précis. La famille de Ruth était composée de ses parents, Benno et Elisabeth Kapp ; du frère de son père, Heinrich, de sa femme, Sophie et de leur fille, Jeannette ; du frère de sa mère, Oscar Nussbaum, et de sa femme, Hanna, ainsi que de leurs enfants, Evelyne et Raymonde.

Au printemps 1942, ils vivaient tous dans le Sud-Ouest. Heinrich et Benno venaient juste de rentrer du Maroc, où ils avaient rejoint la Légion étrangère pour protéger leurs familles des arrestations allemandes. En tant que Juifs allemands, les dix membres des familles Kapp et Nussbaum constituaient les cibles principales de l'antisémitisme criminel de l'État français, l'État de Pétain. Pétain n'était pas un caporal comme Hitler, mais un glorieux « Maréchal de France », vénéré par presque toute la France, y compris la petite Ruth, qui, malgré les fortes réserves de ses parents, eut la permission d'aller le voir lors de sa visite à Toulouse.

À la fin de la guerre, la famille proche comptait deux victimes — 2 sur 10. Le taux de morts pour l'ensemble de la population juive en France était de 1 sur 4. Dans toute l'Europe, le pourcentage d'enfants juifs parmi les déportés correspondait au pourcentage d'enfants dans la population juive, c'est-à-dire 23 pour cent ; mais en France, il n'était que de 14 pour cent. Pourquoi une telle différence ?

Certainement pas en raison de la compassion de Vichy pour les enfants juifs, mais parce qu'une autre France veillait et parce qu'en dehors du pays, la vraie France du Général de Gaulle combattait aux côtés des Alliés. Les enfants ont été sauvés grâce aux actes d'individus courageux, qui ne pouvaient tolérer de voir leur pays renier ses traditions d'honneur et d'hospitalité en livrant des milliers de familles juives à des bourreaux, qui ne cachaient pas leurs desseins criminels. L'histoire de Ruth/Renée est le récit du sauvetage des Juifs. C'est une histoire personnelle qui incarne l'histoire collective de ces Juifs étrangers qui ont échappé à la déportation et aux chambres à gaz alors qu'il aurait été si facile de les dénoncer.

Font partie de cette histoire le fonctionnaire français, qui est venu, hors d'haleine, informer les Kapp de la rafle du 26 août 1942, ainsi que les anges gardiens qui ont protégé Benno, Elisabeth et la petite Ruth à Saint-Juéry, dans le département du Tarn, où ils avaient trouvé refuge avec Oncle Oscar, et puis ensuite à Arthès sur la rivière du Tarn. Ces anges avaient pour nom les Fédou et les Valat, deux familles françaises typiques. Même si Henri Valat s'était laissé pousser une moustache comme celle du Maréchal, il se distingua par la compassion et la vigilance dont il fit preuve envers les Kapp. Le charme et l'imagination de Ruth ont été probablement les clés qui ont ouvert à sa famille le cœur et la porte des Valat.

Le danger était toutefois présent. Les rafles de la Gestapo succédèrent aux rafles de la police de Vichy. Malgré quelques individus dangereux, la population s'était organisée pour protéger les Juifs qui avaient trouvé refuge dans la région. Le danger se rapprochant, Ruth/Renée et ses amis juifs, Jean-Claude et Emmy, furent placés dans un orphelinat dirigé par des religieuses à Sorèze, près de Castres. La Mère supérieure les protégea des descentes de la police allemande qui, quelquefois, ordonnait de livrer les enfants juifs ayant pu se cacher à l'orphelinat.

L'histoire de Ruth est émouvante dans sa simplicité. À travers l'espoir, la terreur, les réunions et les séparations, c'est le récit d'une enfant qui n'a jamais oublié qu'elle était juive, le récit d'un grand nombre d'enfants cachés qui ont été sauvés de la Shoah, et celui de milliers d'autres dont la vie, pourtant similaire, fut anéantie par la haine des Juifs. L'histoire de ces enfants cachés et perdus est contenue dans les deux mille pages du livre *Le Mémorial des Enfants juifs déportés de France*[1]. Le récit des enfants cachés et retrouvés est contenu dans *Tu t'appelles Renée*, un livre que tout le monde devrait lire pour comprendre la complexité de la France de l'époque ainsi que les conditions de survie des Juifs vivant dans ce pays.

---

[1] Serge Klarsfeld, *Le Mémorial des Enfants juifs déportés de France.* Édité et publié par l'Association « Les Fils et Filles des déportés juifs de France » et par « The Beate Klarsfeld Foundation », Paris, octobre 1994.

Préface de l'auteur

Les circonstances de ma collaboration avec Ruth Kapp Hartz sont en elles-mêmes une histoire qui a transformé nos deux vies. À mesure que nous présentions aux enfants, jeunes gens et adultes l'expérience des enfants cachés à l'époque des nazis ainsi que le rôle des individus qui avaient protégé et sauvé les réfugiés juifs d'une mort certaine, Ruth et moi-même avons pris conscience que ce récit faisait effectivement partie intégrante de l'histoire beaucoup plus large de *Tu t'appelles Renée*.

Ruth Hartz était mon professeur de français lorsque j'étais collégienne à l'École Springside à Philadelphie (Pennsylvanie). Je la connaissais alors sous le nom de « Madame Renée Hartz ». En tant que professeur, « Madame » était à la fois exigeante et chaleureuse, sensible tout en étant sévère, et elle faisait preuve d'une dignité et d'une grâce naturelles qui, même à ce jour, incitent au plus grand respect. Elle se souciait de ses élèves même une fois leur diplôme obtenu, et elle se tenait au courant de leurs activités professionnelles. Elle entretient d'ailleurs toujours une correspondance suivie avec un grand nombre d'entre elles.

Dès le lycée, je savais que je voulais écrire. J'étais intéressée par la Shoah et plus particulièrement, par le sort des enfants juifs à cette époque. Lorsque je suis entrée à l'université, je savais que je voulais écrire une histoire sur un segment de la Shoah jusqu'ici peu documenté : qu'était-il advenu des enfants juifs en France pendant l'Occupation nazie ? (Nous étions au début des années 80, avant le procès de Klaus Barbie et à la veille d'autres incidents qui ont permis d'en savoir plus sur la collaboration des Français avec les nazis.)

À l'école, Ruth, notre professeur de français, ne nous avait jamais parlé de ce qu'elle avait vécu en tant qu'enfant juive dans la France occupée. Je ne savais pas qu'elle était juive, ni que ses parents venaient d'Allemagne. À l'époque, je savais seulement qu'elle avait grandi à Paris et qu'elle s'intéressait de très près à ma carrière d'écrivain. Nous sommes restées en contact, et lorsqu'enfin, pour écrire mon livre, je décidais d'aller en France afin d'effectuer des recherches sur le sort des enfants juifs pendant la Seconde Guerre mondiale, j'écrivis à Ruth pour lui demander si elle pouvait me donner le nom de personnes susceptibles de répondre à mes questions, et m'indiquer où trouver des ressources pour mes recherches.

Ruth me répondit et, à ma grande surprise, me confia qu'elle-même avait été une enfant cachée et qu'elle avait survécu à la guerre grâce à un réseau d'individus appartenant à la Résistance qui les avaient cachés, elle et ses parents, dans un village du Sud de la France. Ruth m'invita à Philadelphie pour en parler plus longuement et, comme j'avais à me rendre dans la région, nous en avons profité pour nous retrouver autour d'un brunch un dimanche matin.

L'une des premières questions de Ruth a été de savoir pourquoi je voulais écrire un livre à ce sujet et pourquoi cela semblait si important pour moi. C'était à mon tour de lui confier que, lorsque j'étais en CM2, j'avais entendu l'histoire d'une femme catholique qui avait caché des familles juives pendant les premières années de la guerre. Son mari et elle avaient fait passer clandestinement un grand nombre de familles vers des « maisons sûres », ce qui avait fini par attirer l'attention de la Gestapo. Cette femme avait été torturée par les nazis, qui cherchaient à la faire avouer où se trouvait son mari. Ses bourreaux lui avaient arraché les ongles, un par un, mais elle n'avait rien dit. Malheureusement, son mari fut finalement capturé et tué par les nazis. La femme, devenue veuve, partit pour Paris et entra dans un ordre religieux catholique. Après avoir pris le voile, elle vécut et travailla dans ce couvent. Elle fut transférée aux États-Unis dans les années 60 et devint membre du personnel de mon école à Philadelphie. C'est ainsi que j'avais eu connaissance de son passé.

J'étais une enfant à l'époque, et son histoire m'avait considérablement marquée. Je n'ai jamais oublié le visage ni la voix de cette femme pendant qu'elle partageait ses souvenirs avec nous. C'était peut-être la première fois de ma vie que je prenais conscience de la force du mal dans le monde, et je me demandais d'où venait le courage. Je n'arrivais pas à comprendre comment les gens avaient pu laisser de telles horreurs se produirent, et j'étais stupéfaite de l'héroïsme dont cette femme avait fait preuve face au danger. Pourquoi son mari et elle avaient-ils défié les ordres des nazis pour essayer de sauver des vies humaines ? Alors que tant d'autres, d'après ce qu'on m'avait dit, avaient agi tout autrement.

J'expliquais à Ruth que je n'avais jamais oublié cette histoire et que je savais que je devais écrire un livre sur le sort des enfants juifs pendant la Shoah. En tant que catholique, j'étais particulièrement intéressée par ce que les individus appartenant à cette religion ainsi que ceux des autres confessions chrétiennes avaient — ou n'avaient pas — fait pour aider les Juifs. Je devais savoir pourquoi un si petit nombre leur avait prêté assistance tandis qu'un si grand nombre avait fermé les yeux. À cette époque, je n'avais même pas conscience du nombre choquant d'individus qui avaient de plein gré collaboré avec les nazis pendant l'Occupation française. J'allais vite le découvrir.

Ruth me révéla qu'elle-même avait été confiée à un couvent catholique dans le Sud de la France, sans savoir si ses parents étaient morts ou vivants. C'est en pleurant qu'elle me dit : « On m'a laissée dans la rue. On m'a dit que j'étais une orpheline de guerre. » Je crois bien que j'ai été l'une des premières personnes, en dehors de sa famille proche, avec lesquelles Ruth a partagé cet aspect douloureux de sa petite enfance.

Ruth me demanda si j'accepterais d'écrire son histoire au lieu du livre sur lequel j'avais prévu de travailler. Elle me dit qu'elle désirait avoir un document écrit de ses expériences pendant la guerre, pour son mari et ses enfants, que l'anglais n'était pas sa langue maternelle et qu'elle avait toute confiance dans mes compétences d'écrivain. J'étais très honorée que Ruth me demande d'écrire son histoire. Nous parlâmes longuement de notre prochaine collaboration.

J'eus, par la suite, de nombreux entretiens avec Ruth. Je commençai par reconstituer les événements de la vie de cette petite fille sous l'Occupation, et j'eus le privilège de voir Ruth, l'adulte, accepter progressivement les terribles émotions qu'elle avait ressenties dans son enfance. En retraçant ces événements, elle commençait lentement à faire la paix avec son histoire. Puis un jour, elle me pria de l'appeler Ruth, et plus Renée.

Alors que Ruth allait à la découverte de son passé, j'allais, quant à moi, à la découverte de l'histoire. En tant qu'écrivain, j'étais déterminée à capturer les expériences incroyables de cette petite fille et de sa famille et à les rapporter avec sa voix, la voix de cette enfant. Je parcourais la France seule et retraçais les étapes de Ruth et de ses parents alors obligés de se cacher. J'allais de Paris à Alençon, Ribérac, Saint-Juéry, Arthès et Sorèze. J'effectuais une série d'interviews en France au cours de l'été 1985.

J'ai pu m'entretenir avec les parents de Ruth ainsi qu'avec des proches des familles qui avaient caché Ruth et les siens. J'ai interviewé des ecclésiastiques et des religieuses auprès de qui j'avais été recommandée, et je leur ai demandé pourquoi ils avaient choisi d'aider le peuple juif, sachant très bien qu'ils couraient le risque d'être capturés par les nazis et d'être tués s'ils tombaient entre leurs mains. J'ai retrouvé le dossier de Ruth à l'Œuvre de secours aux enfants (OSE), un organisme qui, pour les protéger pendant la guerre, plaçait un grand nombre d'enfants juifs dans des familles non juives et essayait ensuite de les faire passer clandestinement en Suisse et enfin aux États-Unis. Ruth n'avait jamais eu connaissance de ce dossier, ni même de l'OSE. Par une tournure étrange des événements, un homme qui connaissait le directeur de l'organisme, me dirigea vers les bureaux de l'OSE. Sans son aide, je n'aurais jamais découvert certains aspects jusqu'alors inconnus de l'histoire de Ruth et comment elle en était arrivée à être placée dans un couvent catholique.

Alors que j'effectuais mes recherches, je découvrais en même temps la voix de la petite fille, la voix de Renée. À cette époque, on commençait tout juste à explorer le phénomène des enfants cachés durant la Shoah. J'avais opté de le découvrir au travers des impressions, des émotions et de la voix de cette petite fille. C'était pour moi la meilleure façon de rendre justice à son histoire.

Beaucoup m'ont demandé comment le titre, *Tu t'appelles Renée*, avait été choisi. Renée était le prénom français de Ruth, qu'une cousine plus âgée, Jeannette, lui avait donné. Comme de nombreux enfants cachés, Ruth avait reçu un prénom français pour tenter de la protéger. Si elle pouvait assumer une nouvelle identité, parler en français et nier ses origines juives allemandes, elle avait une petite chance de survivre pendant l'Occupation nazie en France. C'est ce qu'un grand nombre d'enfants cachés avaient été obligés de faire dans toute l'Europe. Les effets de ces traumas — bien que différents de ceux expérimentés par les survivants des camps de concentration — sont tout aussi dévastateurs, et font maintenant l'objet de plusieurs études et recherches. L'histoire de Ruth n'est pas contée sous l'angle psychologique de la rétrospective et de la réflexion. Ce récit est au contraire l'expression des perceptions de la jeune Renée, pour permettre au lecteur de recréer le monde terrifiant de cette enfant.

Contrairement aux écrivains qui, pour une somme forfaitaire, acceptent de rédiger les témoignages d'individus en suivant leurs indications, Ruth m'a confié ses expériences afin que je relate l'histoire qui ne devait pas être oubliée. Bien que je sois l'auteur de ce livre et Ruth l'héroïne, nous avons toutes deux beaucoup appris au cours de nos treize ans de collaboration. Nous avons été émerveillées par la force de ce récit qui a réussi à transformer ses lecteurs, et par la force de notre histoire faite d'amitié et de collaboration, qui a réussi à convaincre les enfants et les jeunes gens qu'ils pouvaient changer le cours des choses. Ils sont toujours touchés par l'idée que la vie d'un professeur ait pu être immortalisée par une étudiante avec laquelle ce même professeur a eu le courage de partager son histoire. Je peux dire en toute franchise que ce livre symbolise l'amitié et le respect que j'éprouve pour mon professeur, dont les expériences personnelles ont changé à jamais la façon dont je regarde le monde.

On dit souvent que c'est l'histoire qui trouve l'écrivain. Le privilège d'écrire ce livre fait partie de mon histoire et de mon évolution en tant qu'écrivain et être humain. Quel plus beau cadeau un professeur pourrait-il donner à son élève ?

Stacy Cretzmeyer
1er juillet 1998

Préface de Ruth Kapp Hartz

Le travail réalisé avec l'auteur, Stacy Cretzmeyer, une de mes anciennes élèves, ne s'est pas limité à la création d'un récit intéressant : il a permis à ma famille de posséder un document écrit des expériences de mon enfance et surtout, il m'a obligée à faire face aux fantômes de mon passé pour profiter pleinement de l'âge adulte.

Comme de nombreux enfants cachés de la Shoah, j'ai grandi dans une totale ignorance de ces années de guerre. Mes parents, qui avaient tant souffert d'avoir perdu leurs familles, ne désiraient pas parler de ce sujet douloureux avec moi. « C'est trop triste », répondait mon père à chacune de mes questions. « Il faut aller de l'avant et ne pas se retourner », ajoutait-il.

Les manuels d'histoire en France, après la guerre, ne mentionnaient que très brièvement la Shoah et la collaboration honteuse du gouvernement de Vichy avec les nazis. Mon opinion de la France et ma relation avec ce pays étaient pures et simples. Ce n'est qu'après avoir lu le livre de mon ami Milton Dank, *The French Against the French*, que j'ai découvert l'étendue de la collaboration de Vichy avec les nazis.

Jeune adulte, je suis venue aux États-Unis, je me suis mariée, j'ai eu deux enfants et je suis devenue professeur de français et de littérature. Mes enfants étaient largement en âge de comprendre au moment où les « négationnistes » de la Shoah ont commencé à faire parler d'eux. J'étais furieuse que de tels individus puissent recevoir la moindre considération, et j'ai donc décidé d'ajouter mon histoire aux documents que l'on réunissait à l'époque sur la Shoah.

C'est pourquoi la collaboration entre Stacy Cretzmeyer, mon ancienne élève, et moi-même, était une heureuse coïncidence. Stacy a été capable de transposer mes expériences en un récit saisissant de cette période malheureuse, vue à travers les yeux de l'enfant que j'étais alors. C'est grâce à ma relation privilégiée avec Stacy qu'elle a réussi à faire revenir à ma mémoire des souvenirs enfouis depuis longtemps. C'est aussi avec beaucoup de tact qu'elle a interviewé mes parents et d'autres personnes ayant fait partie de ma vie pendant ces années difficiles.

Je lui suis à jamais reconnaissante de m'avoir aidée à retrouver mon enfance perdue et d'avoir présenté mon histoire avec talent et sensibilité.

Remerciements

L'auteur souhaite vivement remercier les personnes suivantes pour leur aide et leur encouragement pendant la rédaction de ce livre :

Milton Dank ; Nora Levin, professeur d'histoire à Gratz College ; Joan Adess Grossman ; Sœur C. Chapuis, secrétaire de la Provinciale ; les religieuses du Sacré-Cœur, qui nous ont d'abord donné des informations sur Sorèze et nous ont ensuite mis en contact avec un grand nombre d'autres sources ; Sœur Français DeLinares des Religieuses de Notre-Dame de Sion, qui m'a confié ses souvenirs de Paris pendant les années d'Occupation et ses propres efforts pour sauver des enfants juifs. Nous souhaitons également remercier Madame Denise Bergon (interviewée par Ruth), qui est une sœur de l'Ordre de Notre-Dame de Massip à Capdenac (France). En tant que religieuse, elle a sauvé pendant la guerre plus de quatre-vingt enfants et a été honorée en 1981 pour avoir sauvé et caché des enfants juifs. Je tiens à remercier aussi Monsieur Sam Taub, qui m'a mise en contact avec les bureaux de l'OSE à Paris en juillet 1985.

Nous remercions tout particulièrement Mesdames Catherine Schulmann et Samuel des services de l'OSE à Paris, qui ont passé des heures à fouiller dans des archives et nous ont parlé des activités de l'OSE pendant la guerre ; Madame Monique Cohen, archiviste des Années de guerre à la bibliothèque publique de Toulouse ; le Père Raymond Vandergrift, archiviste à la bibliothèque du Dominican College, Catholic University, Washington, D.C. ; le Révérend Professeur Henry C. Johnson, Jr., professeur d'histoire de l'éducation et d'étude des politiques à Pennsylvania State University et professeur invité (pendant deux ans) à Catholic University ; Bernard Stehle pour ses talents exceptionnels d'éditeur ; Madame Josette Marchez, comptable à l'école actuelle de Sorèze ; Monsieur et Madame Alfred Kahn d'Alençon (France), qui ont bien voulu que je m'entretienne avec eux ; Andrée Fédou, qui a également accepté que je l'interviewe à Arthès ; et surtout, Monsieur et Madame Benno Kapp qui ont eu la gentillesse de me consacrer du temps à plusieurs reprises pour partager un grand nombre de souvenirs, bien souvent douloureux.

Je tiens personnellement à remercier les sœurs de l'Assumption Convent à Merion (Pennsylvanie), pour leur encouragement, leur hospitalité et leur désir de partager avec moi réflexion et interprétation ; Patricia et Philip Turmel, qui m'ont aidée à découvrir les secrets de l'informatique et qui m'ont poussée à terminer les révisions du manuscrit ; Trudy McConnell Bazemore de la bibliothèque publique à Georgetown (Caroline du Sud) pour l'aide qu'elle m'a apportée pendant mes recherches ; et le Père John F. Bench pour ses encouragements et ses conseils continus. Je remercie également Julie Zimmerman de Biddle Publishing Company, pour avoir reconnu à l'origine le mérite de ce travail et effectué une révision attentive du manuscrit.

Je souhaite remercier tout particulièrement mes parents, Patricia et Charles Cretzmeyer, à qui je suis à jamais redevable. Sans leur confiance en moi, leur aide financière, leur patience et leur soutien, ce livre n'aurait jamais vu le jour.

* * * * *

La traductrice de l'œuvre voudrait remercier les personnes suivantes : Ruth Marelli, Isabelle Tahar Miller, Nicole Moreau Stein, Viviane Stein Thien, Francine Dugast-Portes et Patrick Henry.

TU T'APPELLES RENÉE

PARTIE UN : LA FUITE

Printemps 1942 à août 1942

...et il nous délivra de la main de l'ennemi et de toute embûche sur le chemin.

— Ezra 8 : 3

Chapitre 1 : « Le Maréchal arrive ! »

Il y avait parfois à Toulouse, en fin d'après-midi, de très violents orages. Juste avant d'éclater, une énorme couverture grise de nuages couleur de plomb s'étendait alors au-dessus de la ville, et la rue sur laquelle donnait notre appartement devenait tout à coup silencieuse sans raison apparente.

L'appartement de mon Oncle Heinrich se trouvait tout près du nôtre. Il vivait au bord de la ligne de chemin de fer. Dans son salon, le vent subitement soufflait par rafales, les poignées tremblaient, les portes claquaient. Les rideaux se gonflaient devant les fenêtres entr'ouvertes.

On pouvait percevoir alors un son qui ressemblait à de faibles pleurs de femmes. J'étais toujours dans l'appartement de mon oncle l'après-midi après l'école. Ce printemps-là, il plut si souvent, et je m'habituais tellement aux gémissements du vent que je me tournais vers mon oncle en disant : « Les voilà encore, les femmes qui gémissent ! »

« Tu as bien raison. » Mon oncle approuvait de sa chaise, tout en lisant. « Des voix fortes et claires aujourd'hui. Dans un instant, elles seront parties. »

Le son me faisait peur. Il était si pressant, si mêlé de tristesse. Des années plus tard, je l'entendais encore parfois dans mon sommeil.

« Qui sont-elles, mon oncle ?

— Celles que nous avons laissées derrière nous. »

Cette conversation s'est répétée si souvent dans mes rêves ! Il me semble que le vent gémissant à travers les châssis des fenêtres m'a toujours fait penser à des pleurs de femmes, mais c'est mon oncle qui, le premier, m'a mis cette idée en tête, à Toulouse quand j'avais quatre ans.

C'est la fin de la journée.
Je suis dans la cour de l'école et j'attends ma cousine Jeannette. Le temps passe et elle n'arrive pas. Quelqu'un de ma classe au jardin d'enfants, vient me dire que Jeannette, souffrante, a dû rentrer chez elle, peu après midi. Je me retourne, descends les marches en courant et me précipite dans les rues pavées de Toulouse.

Là, je perçois tous les bruits de la rue. C'est comme si tout s'animait dès que je sors de l'école. Le monsieur du magasin de meubles interpelle un ami sur le trottoir d'en face, une femme rit de ce qu'elle vient d'entendre par hasard. Je passe à côté d'eux. Je pourrais être n'importe qui. Je les dépasse en courant, et ils n'essaient pas de m'arrêter. Ils ne savent pas que je suis juive.

Je meurs d'envie de dire à mon oncle ce que j'ai appris, mais j'en veux aussi à ma cousine de m'avoir fait attendre si longtemps à l'école. Elle a sans doute déjà annoncé la grande nouvelle à mon Oncle Heinrich. Jeannette a seize ans et elle est très intelligente. Elle en connaît des choses, comme l'histoire de France, par exemple. Elle sait que Toulouse est la « capitale » du Sud de la France. Parfois, elle essaie de m'expliquer la guerre.

J'ai marché si souvent le long de ces rues avec Jeannette que je retrouve mon chemin toute seule, sans difficulté. Je ris tout en courant. C'est la première fois que je rentre seule de l'école à la maison, sans Jeannette. Rue de l'Aqueduc, c'est bien ça le nom de ma rue. Je me le répète sans arrêt pour ne pas l'oublier. Je tourne à un coin de rue et passe devant de nombreux magasins. Parfois, j'aime entrer dans ces boutiques surtout quand il y a des sucreries à l'intérieur. J'aime sentir l'odeur du chocolat, mais cela fait longtemps que je n'ai pas vu de sucreries. Les magasins à Toulouse ont l'air d'être à moitié vides. Maman dit qu'en ce moment on ne trouve plus dans les magasins toutes ces choses qu'il y avait avant la guerre et qui étaient si bon marché. Elle part chercher à manger tous les matins avant que je me réveille.

Je passe la boulangerie et je m'arrête devant la librairie du coin pour scruter la vitrine, parce qu'un exemplaire d'un livre sur notre Maréchal, le Maréchal Pétain, y est exposé. Juste au moment où j'arrive à la hauteur du réverbère, une femme surgit d'une entrée et me barre le chemin. Je la connais de vue, mais je ne me souviens pas de son nom. Son visage me fait peur. Comment se fait-il qu'elle me connaisse ?

« Eh bien, je t'ai attendue, ma petite Renée, me dit-elle. Où vas-tu donc si vite ?

— À la maison. »

Elle m'appelle par le nom français que Jeannette m'a donné la première fois qu'elle m'a accompagnée à l'école à Toulouse. Chez moi, on m'appelle toujours Ruth, mais en public, tout le monde doit croire que je suis française, et c'est pour ça que Jeannette, toujours aussi avisée et prudente, m'a donné un nouveau nom.

« Où habites-tu ? » demande la dame.

Je baisse les yeux sur ses chaussures noires et je secoue la tête. « J'ai oublié le nom de la rue », lui dis-je. On m'a défendu de dire à qui que ce soit où nous habitons, même à mes amies à l'école. Je trouve qu'elle ressemble à un personnage d'une histoire que nous sommes en train de lire en classe. Elle a les traits d'une méchante femme, de quelqu'un à qui on ne peut pas faire confiance.

« Comment peux-tu rentrer à la maison si tu ne sais pas où tu habites ? » me demande-t-elle. Son visage est dur. Elle fronce les sourcils. « Où est Jeannette aujourd'hui ? »

Je ne sais plus ce que je dois dire. Je secoue la tête. Tout à coup, je me rappelle où j'ai déjà rencontré cette dame. Elle travaille à l'école, au secrétariat. J'invente une histoire. « Je dois aller chez mon amie Monique. Elle habite par là-bas. » Je montre du doigt l'endroit où la rue devient plus étroite après le virage. « Papa viendra me chercher dès qu'il aura fini son travail. » Ma voix tremble. J'avale plusieurs fois ma salive. Je n'aurais peut-être pas dû parler de mon père. Maintenant, elle sait qu'il travaille en ville.

La femme regarde dans la direction que je lui montre. Puis elle essaie de me saisir le bras, comme si elle voulait m'emmener quelque part. Juste au moment où sa main touche la manche de mon pull, je me mets à courir vers le coin de la rue. J'entre précipitamment dans un café et j'y reste cachée un long moment jusqu'à ce que le monsieur derrière le comptoir me demande : « Eh bien, que voulez-vous, ma petite demoiselle ? » J'aimerais bien boire quelque chose de sucré, mais je n'ai pas d'argent. Je ressors du café, en marchant « comme une demoiselle ». Je marche comme on nous a appris à l'école. Je ferai un détour pour rentrer à la maison. Personne ne doit me remarquer.

Je suis la rue qui longe l'église. J'entre dans l'église sombre où, Jeannette et moi, nous nous sommes déjà cachées plus d'une fois. Quand on entre dans une église, personne ne suppose que l'on est juif. Il fait frais à l'intérieur, et j'entends le chuchotement d'une femme qui prie, agenouillée sur un prie-Dieu en paille. Elle tient une sorte de collier composé de perles qu'elle laisse glisser entre ses doigts, une à une. Je la regarde allumer une bougie devant une statue de marbre. Il y a des statues partout. J'avance dans l'allée située sur le côté, en évitant de regarder ces visages blancs. Les statues semblent me suivre du regard. Elles sont comme ces inconnus que l'on rencontre dans les rêves ; on ne sait pas qui ils sont... L'une d'entre elles a une guirlande de fleurs roses autour de la tête. Elle porte une robe longue et tend les mains. Lorsque je m'éloigne d'une de ces statues, je me retourne toujours pour vérifier si j'aperçois le mouvement d'un bras ou le clignement d'un œil. Jeannette trouve que mon jeu est bête. Les statues ne peuvent pas nous observer, seuls les gens de Toulouse le peuvent.

Parfois, quand il y a beaucoup de monde dans l'église, Jeannette et moi, nous nous asseyons au fond de la nef et nous les imitons. Cela passe le temps en attendant de pouvoir ressortir dans la rue sans danger. Au début on pouffe de rire, mais on devient très vite silencieuses comme les autres. On oublie même la raison qui nous a poussées à y entrer.

Seule sans Jeannette dans l'église, je me sens perdue. Il fait si sombre, et c'est un endroit tellement effrayant que je me mets à reculer vers le grand portail en bois. Une fois dans la rue, la lumière m'éblouit, et je suis obligée de fermer les yeux. Quand je les rouvre doucement, je me rends compte qu'il n'y a personne.

Je peux continuer mon chemin sans danger. Enfin, me voilà presque à la maison. Mais au lieu de suivre la rue de l'Aqueduc, je tourne au coin et prends la rue Sainte-Jeanne. Avant de rentrer, il faut absolument que j'annonce la nouvelle à mon Oncle Heinrich. Oncle Heinrich est le frère aîné de mon père. Je monte les deux étages en courant et je frappe bruyamment à la porte. Jeannette m'ouvre pour arrêter le vacarme et je me précipite dans la pièce en riant et hors d'haleine.

Chaque fois que je viens voir mon oncle, c'est l'odeur de sa pipe que je remarque en premier. J'aime cette odeur. La fumée me fait penser à une forêt de pins, je ne sais pas pourquoi. Oncle Heinrich a rapporté le tabac du Maroc, où il avait été envoyé avec la Légion étrangère[2]. D'après Tante Sophie, il va bientôt regretter d'avoir fumé sa pipe tous les après-midi, car sa tabatière est presque vide et il est difficile de trouver du tabac en France ces temps-ci…

« Oncle Heinrich ! Devine ! Devine ! »

Il lève la tête de son travail, et je cours vers son bureau pour l'embrasser. « Pétain vient à Toulouse ! Le Maréchal vient ici, à Toulouse ! »

Il est un peu surpris. Il hausse les sourcils comme il le fait chaque fois qu'il pense que je lui raconte une histoire.

« Qui est Pétain ? » demande-t-il. Il m'interroge afin de déterminer ce que je sais des événements qui se passent en France.

« C'est notre Maréchal ! » Je caracole à travers la pièce, jusqu'à ce que Jeannette pose brutalement un grand bol sur la table.

« Hum, dit-elle, et qui pourrait bien avoir envie de le voir, celui-là ? »

Je la regarde, stupéfaite. Comment peut-elle dire une chose pareille de notre Maréchal ?

---

[2] Corps composé de volontaires généralement étrangers sous le commandement d'officiers français et étrangers.

C'est là que je remarque qu'elle n'a pas l'air malade du tout. Peut-être est-elle rentrée tôt aujourd'hui pour aider son petit ami à imprimer des tracts. C'est ce qu'elle fait parfois, mais c'est un secret. L'ami de Jeannette, ainsi que quelques autres du quartier, ont l'intention de distribuer des tracts dans les boîtes à lettres de l'immeuble et dans le voisinage. Je n'ai pas le droit de le dire à Tante Sophie, qui se fâcherait terriblement. Jeannette dit que Pétain est un homme malfaisant à qui l'on ne peut pas faire confiance. Depuis Vichy, où il se trouve maintenant, il met en place des décrets contre le peuple juif.

Jeannette explique que Vichy est une ville au Sud de la France où Pétain s'est installé, et c'est de là que lui et les membres de son gouvernement gèrent la Zone non occupée. Les tracts contiendront des articles sur les lois récentes de Vichy, expliquant les conséquences qu'elles auront pour les Juifs. « Il veut nous forcer à quitter la France ! », dit Jeannette.

Je demande : « Pourquoi ça ? Il ne nous connaît pas ! »

« Allons, Jeannette, intervient mon oncle. Ruth n'a aucune idée de ce dont tu parles. Ne lui remplis pas la tête avec tout ça. Nous ne savons pas si Pétain est responsable de tous nos ennuis. Attendons, nous verrons bien. Il se pourrait qu'il soit entré dans le jeu des Allemands pour le moment, jusqu'à ce qu'il juge opportun de prendre lui-même les choses en mains. Tu crois trop tes amis. Beaucoup de ce qu'ils te disent pourrait n'être que des propos alarmistes.

— J'espère pour nous tous que tu as raison, Papa, dit tout bas Jeannette. Mais il est difficile d'oublier le Statut des Juifs qu'il a signé il y a deux ans. Ne comprends-tu pas qu'à cause de ce statut, on pourrait nous interner et nous envoyer dans un de ces fameux camps — tout ça parce qu'on nous considère comme « Juifs étrangers » ? Aimerais-tu vivre sous surveillance policière dans un village perdu ? Tu ne peux pas me faire croire que Pétain ne soutenait pas ce statut. » Jeannette nous tourne le dos et remue quelque chose dans un bol. Quand son visage est sérieux, elle n'est plus la même. Je suis habituée à une Jeannette toujours souriante, mais il y a des moments, comme celui-ci, où elle me fait peur. « Je préfère écouter mes amis que de n'avoir aucune idée de ce qui se passe vraiment », dit-elle.

Oncle Heinrich m'assoit sur ses genoux. « Laisse Ruth y aller et s'amuser, dit-il à Jeannette. Laisse-la aller voir son Maréchal. »

Je hoche la tête. Je suis décidée à y aller. Je vais demander à Papa de m'y emmener si Jeannette refuse. Tout le monde à l'école va voir le défilé. Jeannette restera toute seule assise à sa table et n'aura personne à qui parler.

« Et que s'est-il passé d'autre à l'école aujourd'hui ? » me demande Oncle Heinrich.

Je le regarde dans les yeux, des yeux sombres, pleins de bonté, et j'ai peur de le lui dire, mais je n'ai jamais encore su lui cacher quelque chose. « Une dame m'a arrêtée dans la rue à la sortie de l'école, lui dis-je. Elle m'attendait. Elle m'a demandé où j'habitais. »

Jeannette se retourne brusquement. Elle échange avec Oncle Heinrich un regard que je ne comprends pas. « À quoi ressemblait-elle ? me demande Jeannette.

— Elle avait les cheveux gris. Je crois que c'est la vieille dame qui travaille au secrétariat de l'école.

— Est-ce qu'elle t'a posé d'autres questions ? veut savoir Oncle Heinrich.

— Elle m'a demandé où était Jeannette et où j'allais.

— Tu le lui as dit ?

— Non. Je lui ai dit que je devais aller chez mon amie Monique, parce que Papa allait venir me chercher là-bas. Et puis, je me suis enfuie.

— Ruth, dit Jeannette très sérieusement, a-t-elle pu voir où tu allais ? T'a-t-elle suivie ? »

Je descends des genoux d'Oncle Heinrich et m'approche de la fenêtre. Je regarde en bas, par-dessus le rebord. Il n'y a que la rue, une bicyclette, un garçon. « Non, elle n'est pas là. En plus, j'ai couru très vite. Elle ne pouvait pas me suivre. Et je me suis cachée dans l'église. »

Jeannette et Oncle Heinrich échangent un coup d'œil, un regard de soulagement, mais ils ne disent rien. Et puis

Jeannette s'éloigne avec le bol. Je la suis dans une alcôve où se trouve une cuvette.

« Tu m'as dit de mentir si jamais quelqu'un me demandait où j'habite, Jeannette. Est-ce qu'on va avoir des problèmes ?

— Je ne crois pas, Ruth. Heureusement que tu t'es souvenue de mentir dans ces cas-là. Tu as bien fait. Mais il vaudrait peut-être mieux qu'on ne retourne pas à l'école pendant quelque temps.

— Mais je dois y aller ! Il faut que je voie le Maréchal Pétain ! »

Jeannette ne dit plus rien. Oncle Heinrich m'appelle et me rassoit sur ses genoux.

« *Was machst du, Onkel ?* » Je lui repose la question en français : « Qu'est-ce que tu fais, mon oncle ? »

J'aime cette nouvelle phrase en français que je viens d'apprendre à l'école. Je suis toujours en train de demander aux gens ce qu'ils font maintenant. Mais à la maison, je ne suis jamais vraiment sûre que ma famille me comprenne quand je leur parle en français. Mon oncle parle toujours allemand. Parfois, il me répond très lentement en français. Je ris de ses fautes.

Il me dit qu'il écrit des lettres à sa famille en Allemagne. Mes deux tantes du côté de Papa, Sittie et Hettie ; ma grand-mère, la maman de Papa ; et mon arrière-grand-tante, se trouvent toujours en Allemagne, d'après ce que nous savons. Le père et la belle-mère de Maman ainsi que leur fille, Lottie, pourraient bien y être aussi. La famille de Papa vit dans une petite ville appelée Hechtsheim, en Rhénanie. Un jour, à l'école, quand les autres étaient partis, Jeannette m'a montré sur la carte où est située cette ville. Jeannette est née en Allemagne, mais moi, je suis née en Palestine. Papa n'a plus de nouvelles de sa famille depuis 1936, quand il a quitté l'Allemagne avec Maman pour partir en Palestine.

« Mais, Oncle Heinrich, pourquoi tu ne leur écris pas sur une feuille de papier et ensuite tu leur envoies la lettre ?

— Au début, c'est ce que j'ai fait, mais je ne recevais jamais de réponse à mes lettres. Elles ne leur sont probablement jamais parvenues. Il vaut mieux que je leur écrive dans un livre. Comme ça, plus tard, quand la guerre sera finie, notre famille pourra lire le tout d'un seul trait et saura tout ce qui nous est arrivé depuis notre départ d'Allemagne.

— Tu crois qu'ils nous écrivent aussi ?

— Je ne sais pas, Ruth. Peut-être. »

Il feuillette le livre, revient quelques pages en arrière et me lit une lettre qui date de septembre 1939. Oncle Heinrich m'explique qu'il l'a écrite dans un endroit appelé Strasbourg où il a vécu avec Tante Sophie. Quand il lit, sa voix est triste, assourdie. Il parle doucement et ses traits se dessinent claire-ment dans la lumière de l'après-midi. Il paraît tout d'un coup beaucoup plus âgé.

Chère Maman,

On nous a donné l'ordre la nuit dernière de quitter Strasbourg. Nous avons tout juste le temps d'emballer quelques objets et des vêtements. J'ai bien peur que, pour ceux qui ne partent pas, les conséquences ne soient très graves.

Tout le monde prend la direction du Sud de la France. On nous a assurés que nous serions en sécurité là-bas. J'espère être parti à l'aube, donc n'essaye plus de nous écrire ici. Nous t'écrirons du Midi.

Je n'ai aucune nouvelle de Benno et Lissy. Il faut qu'ils quittent Paris très vite, sinon ils seront pris au piège — ce serait la pire chose qui pourrait leur arriver en ce moment. Tu nous manques, et nous espérons avoir de tes nouvelles très bientôt.

« Et moi, Oncle Heinrich ? je l'interromps, que m'est-il arrivé quand Maman et Papa ont dû quitter Paris ?

— Mais tu étais avec eux, grande bêtasse. Seulement, tu étais bien trop petite pour comprendre ce qui t'arrivait. » Jeannette vient s'asseoir sur une chaise, et toutes deux, nous écoutons mon oncle nous lire une autre lettre.

« Celle-ci a été écrite l'année dernière, nous dit-il, en avril 1941, juste après mon retour de la Légion étrangère. Vous comprenez, on nous avait dit, à votre Oncle Benno et à moi-même, que, bien que nous ne soyons pas des citoyens français, si nous nous engagions dans la Légion étrangère française, nous échapperions à l'internement dans un camp et que nos familles seraient, elles aussi, protégées. » Oncle Heinrich explique ceci très sérieusement à Jeannette, comme si c'était la première fois qu'il parlait de ce sujet. Je ne comprends pas tout ce qu'il dit. « Parmi nous, il y a eu beaucoup d'hommes qui se sont enrôlés dans la Légion, surtout pour protéger leurs familles. Et c'est pour ça que nous nous trouvions avec les forces armées françaises en mai 1940. Mais par la suite, certains ont été faits prisonniers et ont été internés dans des camps de travail. »

Chère famille,

Je suis revenu du Maroc, et nous sommes maintenant tous réunis à Toulouse. Je ne reconnais pas Jeannette. Elle a tellement grandi pendant les longs mois de mon absence.

Benno est revenu de la Légion étrangère il y a quelques jours. Il était à Marrakech et à Fez. Nous aurons plein d'histoires à vous raconter dès que la guerre sera finie. Nous nous sommes fait l'un et l'autre de nombreux amis dans la Légion. Ils sont pour nous comme une seconde famille, puisque la nôtre est si loin. En y repensant, je crois que nous avons bien fait de nous engager dans la Légion. En nous engageant, nous avons épargné à nos proches d'être déportés dans un camp de concentration. On nous dit maintenant que tous les réfugiés qui n'ont pas la nationalité française sont envoyés dans les camps français de Gurs, Rivesaltes, Les Milles. Benno et moi-même n'avons échappé à ce sort que parce que nous nous sommes engagés dans la Légion. Et pourtant, certains de nos amis ont été faits prisonniers et nous n'avons plus de nouvelles d'eux.

Pour l'instant, nous sommes en sécurité ici. Nous nous trouvons dans la Zone libre, la partie de la France qui n'est pas occupée par les nazis. Tout le monde se demande combien de temps cela va durer, mais estimons-nous heureux d'être arrivés jusqu'ici ! De nos jours, il y a beaucoup de gens qui ne parviennent même pas à traverser la ligne de démarcation qui sépare le Nord occupé par les nazis de la France de Vichy. Il est, pour ainsi dire, impossible de traverser la ligne sans l'aide d'un guide non-juif. On voit souvent des enfants qui voyagent seuls, à pied. On ne peut qu'imaginer ce qu'ils viennent de fuir.

Benno et moi souhaiterions tellement que vous soyez ici, avec nous. Nous pensons tout le temps à vous. Jeannette et Sophie vous embrassent.

Ça me fait bizarre d'entendre mon oncle parler de mes parents en les appelant par leur prénom. C'est comme s'ils faisaient partie d'une autre histoire et que leur vie était distincte de la mienne. Je me souviens de Papa à son retour de la Légion, mais je ne me rappelle pas qu'il nous ait sauvés d'un camp de concentration. Je ne sais pas ce que ça veut dire.

Mon oncle tourne une nouvelle page, et s'apprête à nous lire une autre lettre, lorsque Jeannette se lève brusquement de table.

Elle dit : « Jouons à un jeu, Renée ! »

Pour Jeannette, je suis comme une petite poupée. Elle joue avec moi et fait attention à moi chaque fois que Maman doit sortir. Mon passe-temps favori est de lui brosser les cheveux pendant qu'elle me dépeint notre vie future « quand nous serons grandes ». Elle est comme une grande sœur qui m'emmène partout. Il y a des gens qui disent que nous nous ressemblons comme de vraies sœurs parce que nous avons toutes les deux les yeux bridés. Si j'avais seize ans, je pourrais faire toutes les choses qu'elle fait.

Jeannette et Sophie Kapp, 1937

Oncle Heinrich dit : « Renée doit rentrer chez elle, maintenant. Il est temps.

— Il a raison, dit Tante Sophie en sortant de la petite chambre à coucher juste derrière l'alcôve. Il est cinq heures passées. Lissy va se faire du souci. Ramène-la chez elle, Jeannette. »

Tous les après-midi, Tante Sophie fait une sieste. On voit bien qu'elle vient de dormir. Un pli du couvre-lit lui a fait une marque sur le visage. Elle met son tablier et s'arrête un instant devant le miroir pour brosser ses cheveux courts. Ses sourcils tracés au crayon lui donnent l'air d'être toujours très éveillée. Maman dit que Tante Sophie n'est pas originaire d'Allemagne mais d'un autre pays, qu'on appelle la Pologne. C'est pour ça qu'elle parle avec un accent bizarre. Elle adore son mari, Oncle Heinrich. Depuis son retour, ils ne se quittent plus. Oncle Heinrich referme son livre et me fait un bisou sur la joue. J'enfile mon gilet et Jeannette le boutonne. Je veux rester. Je veux rester dîner et écouter les histoires d'Oncle Heinrich, mais je me retourne et embrasse ma tante. Et puis Jeannette et moi descendons l'escalier et sortons dans le soir chaud et printanier. Elle s'arrête dans l'embrasure de la porte pour remonter ses longs cheveux bruns. Ensuite, elle se tourne vers moi, me sourit de ses yeux sombres et me prend la main.

Je lui demande comment était cette ville où mes parents habitaient avant, ce Paris.

« Oh, c'est difficile de se rappeler », dit-elle en baissant le regard. Nous marchons sur le trottoir qui tourne dans la rue de l'Aqueduc.

« C'est une grande ville. J'y suis allée une fois seulement, avec Papa. Il y a plein de musées et de vieux bâtiments très beaux. Les gens l'appellent la capitale du monde civilisé et disent qu'on ne peut la comparer à aucune autre ville. »

« Est-ce que Maman et Papa habitaient dans une belle maison ? »

Jeannette se met à rire. « Non, Renée. Tes parents étaient obligés de vivre dans une petite pièce en ce temps-là. Avant, ça avait dû être une chambre à coucher. Il n'y avait pas beaucoup de meubles. Une table et deux chaises, un lit. Je crois que tu as passé beaucoup de temps avec la famille de ton Oncle Oscar. »

Oncle Oscar est le seul frère de Maman. Je crois me souvenir de lui, mais Maman me dit que j'étais trop petite pour me souvenir de la dernière fois où nous l'avons vu. Ça me rend un peu triste, de savoir que mes parents n'ont pas vécu dans une jolie maison.

« Pourquoi est-ce qu'on a été obligé de quitter Paris ? »

Le visage de Jeannette devient sérieux. « Parce que, Renée, il y avait là-bas des gens qui voulaient vous rassembler, toi et ta famille et tous ceux qui ne sont pas originaires de France, pour vous renvoyer hors du pays.

Mais pourquoi est-ce qu'ils voulaient faire ça ? »

Sa main se referme sur la mienne. « Ils pensent que les personnes nées à l'étranger ne devraient pas rester ici. Lorsque nous sommes venus en France, nos parents ont travaillé dur pour bâtir leur maison, mais ces gens veulent nous les enlever. C'est parce que nous sommes juifs. » Elle s'arrête en plein milieu de la chaussée et regarde autour d'elle. Elle veut être sûre que personne n'a entendu ce qu'elle vient de dire. Je lève la tête et je vois ses grands yeux profonds, ses cheveux bruns et son doux visage, et je n'arrive pas à croire que des gens veuillent nous faire du mal. Je sais que Jeannette me protégera aussi longtemps que je serai avec elle.

Elle se penche vers moi et me regarde.

« Renée, me dit-elle tout bas, fais comme si tu n'avais pas entendu ce que je viens de dire. Ne prononce jamais ce mot-là. Même si quelqu'un te pose des questions, fais comme si tu ne savais pas ce que ça veut dire.

Mais pourquoi, Jeannette ?

— C'est une longue histoire, dit-elle en me prenant à nouveau la main. Tu comprendras un jour. Je crois que c'est pour ça que cette dame t'attendait à la sortie de l'école aujourd'hui. Méfie-toi des gens comme elle. Ne fais confiance à personne en dehors de ta famille. »

Nous arrivons devant l'immeuble dans lequel je vis. Beaucoup de fleurs ont commencé à éclore. Des jonquilles bordent le trottoir. Elles me donnent l'impression que je vis dans un bel endroit, mais Maman n'est pas heureuse dans cet appartement. Elle déteste la peinture qui s'écaille sur les murs de notre pièce, l'odeur, l'escalier qui tremble quand on monte ou quand on descend les marches. Je remarque que Maman m'attendait juste derrière la porte.

« Où étais-tu passée, mon petit chou ? me gronde-t-elle tout en m'appelant son petit chou en français. Merci de l'avoir ramenée, Jeannette. »

« Maman, Maman ! Devine !

— Quoi ? Elle et Jeannette rient en me regardant. Qu'est-ce qu'il y a ? »

Et j'annonce encore une fois la nouvelle. « Le Maréchal ! Le Maréchal vient à Toulouse ! Tout le monde à l'école a le droit d'aller au défilé pour le voir. On pourra y aller aussi, Maman ? »

Maman ne me répond pas. Je monte l'escalier en courant, pour parler à notre amie Sylvie qui vit au premier étage. Je veux que tout le monde dans l'immeuble sache que Pétain arrive. Mais Sylvie ne répond pas.

Maman et Jeannette chuchotent en bas de l'escalier. J'entends Jeannette parler à Maman de la dame qui m'a attendue dans la rue après l'école. Le visage de Maman est grave, anxieux même. « Oh non, non », dit-elle à voix basse. Jeannette conseille Maman. Elle sait ce qui se passe dans le voisinage ; Maman ne quitte pas l'appartement à moins d'y être obligée, elle a trop peur. Aussi écoute-t-elle Jeannette, qu'elle appelle son « petit espion ».

Quelques instants plus tard, Jeannette est partie et Maman me dit de descendre. Elle ne me regarde pas et elle fronce les sourcils. Je sais ce que ça veut dire. Je n'aurai pas le droit d'aller à l'école demain. Je n'aurai peut-être pas le droit d'aller voir le Maréchal Pétain.

La plupart du temps, l'après-midi, mon oncle me lisait des extraits de son recueil de lettres ; mais parfois, c'était Le Petit Chaperon rouge *ou encore d'autres contes en français. Souvent je le voyais prendre quelques notes, des petites choses qu'il ne voulait pas oublier d'écrire à ses sœurs. C'était un homme doux, peut-être plus intellectuel que mon propre père, et il était décidé à consigner dans ce recueil tout ce qui arrivait à notre famille.*

Il y avait dans l'appartement, à droite de la fenêtre, une vieille armoire toujours un peu entr'ouverte, laissée là par les propriétaires précédents qui avaient quitté la pièce en toute hâte quelques jours avant l'arrivée de mon oncle et de sa famille. C'est dans l'un des tiroirs de cette armoire qu'Oncle Heinrich conservait son recueil. Les histoires consignées parlaient d'endroits et d'événements dont je ne me souvenais pas. Et pourtant, mon nom y apparaissait assez souvent pour me donner envie de savoir ce qui m'était arrivé par la suite. Je suppliais Oncle Heinrich de me lire tous les passages qui parlaient de moi. Je me posais des questions sur cette période un peu floue de mes premières années, cette période pendant laquelle je ne comprenais pas ce qui se passait autour de moi.

Il s'était produit tant d'événements si importants, des événements qui m'avaient conduite là où désormais je me trouvais, sans que je ne puisse ni me les rappeler, ni les comprendre. La plupart des choses que mon oncle me lisait n'avaient pour moi aucun sens : qu'étaient ces « camps de concentration » ? Qu'est-ce que c'était une « ligne de démarcation » ? À quoi ressemblait Paris ? Et pourtant, il m'a lu ces lettres sans cesse jusqu'à ce qu'elles deviennent mes propres souvenirs, et je n'ai jamais pu les oublier.

Je n'ai jamais connu ma grand-mère, ni mes deux tantes. Mais il me semblait connaître leur voix — la seule chose qui confirmait leur présence pour moi. Voyez-vous, lorsque j'étais enfant, Oncle Heinrich me disait que si j'écoutais le vent un long moment, je pourrais entendre Sittie et Hettie pleurer. Il ne m'a jamais dit pourquoi il pensait qu'elles pleuraient. J'allais le découvrir moi-même.

Hettie et Sittie Kapp, tantes de Ruth,
sœurs de son père, 1914

Je me rappelle des pièces étranges, à peine éclairées. Ces pièces, dans ma mémoire, étaient les différents endroits où nous avions vécu jusqu'à notre arrivée à Toulouse. Parfois, je décrivais un meuble à Maman ou encore un certain motif de tissu et elle disait : « Ça, c'était dans l'appartement d'Alençon. » Ou encore : « Tante Hanna l'a acheté avant de partir à Saint-Juéry. » Ces noms ne me disaient rien, et comme je me rappelais à peine avoir été dans ces endroits, Toulouse était mon premier « chez moi ». J'y allais à l'école et je parlais la même langue que les autres. Je connaissais suffisamment bien le français pour ne pas être prise pour une réfugiée étrangère. Depuis ma plus tendre enfance, je m'étais toujours considérée comme française. En ce printemps de 1942, j'avais à peine cinq ans.

Chapitre 2 : En attendant Papa

Maman et moi étions arrivées à Toulouse deux ans auparavant, pendant l'été 1940, après avoir voyagé et nous être cachées pendant des mois. Cela faisait presqu'un an et demi que Papa était dans la Légion étrangère lorsque Maman et moi sommes enfin arrivées dans la Zone libre.

Nous avions pris le train avec Hanna, Raymonde et Evelyne, la femme et les enfants d'Oscar, le frère de ma mère. Après notre départ de Dordogne, où nous nous étions réfugiés après l'Occupation de Paris par les nazis, il nous avait fallu des heures pour rejoindre en voiture une gare de chemin de fer sur la même ligne que Toulouse. Des centaines de familles juives se dirigeaient vers le Sud de la France en Zone libre. En tant que réfugiés, nous prenions de gros risques en voyageant ainsi : les directives du régime de Vichy étaient d'expulser les Juifs étrangers de la Zone libre avant qu'ils ne puissent ruiner l'économie française déjà en péril, en s'appropriant des postes et des commerces qui devaient être contrôlés et dirigés uniquement par des citoyens français. C'est pourquoi les autorités de Vichy essayaient de rapatrier les réfugiés vers la Zone occupée, où ils auraient été soumis aux Forces allemandes. Mais les Allemands ne voulaient rien savoir ; la Zone occupée en France, comme toute l'Allemagne et enfin toute l'Europe, devait être « Judenrein », ou « purifiée des Juifs ».

En août 1940, la ligne de démarcation fut tout à coup fermée des deux côtés, si bien que les Juifs ne pouvaient se rendre vers la Zone libre qu'illégalement. Si Maman et moi avions été arrêtées pendant notre voyage vers Toulouse en 1940, nous aurions probablement été renvoyées dans la Zone occupée et déportées. Plusieurs fois, Maman crut qu'on allait se faire prendre, mais nous ne restions jamais assez long-temps dans un même endroit pour qu'on ait le temps de nous arrêter. Et finalement, nous sommes arrivées dans le Sud de la France.

Elisabeth Nussbaum, la mère de Ruth, 1930

Maman savait qu'Oncle Heinrich et sa famille étaient allés de l'Alsace à Toulouse, une grande ville où ils avaient plus de chance de ne pas se faire remarquer. Elle savait que mon oncle nous aiderait à trouver un logement jusqu'à ce que Papa revienne de la guerre.

Mais lorsque nous sommes arrivées à Toulouse, Maman apprit qu'Oncle Heinrich s'était aussi engagé dans la Légion étrangère et qu'il était parti pendant une période indéfinie. Maman finit par trouver un logement dans Toulouse ; notre préoccupation principale était d'attendre le retour de Papa et de trouver assez de nourriture pour survivre. La pièce que nous occupions n'avait pas d'électricité et se composait d'un strict minimum : une lampe à pétrole, un lit pour Maman et un petit divan pour moi. L'immeuble tremblait chaque fois que le tramway passait. Plus tard, lorsqu'Oncle Heinrich était revenu de la Légion, il avait trouvé une table et deux chaises qu'il avait données à Maman.

Très tôt le matin, Maman partait faire la queue au marché de la Grande Place où se trouvait le Capitole, un grand immeuble qui dominait le centre de la Place. Elle se levait, s'habillait dans la pénombre et partait avant l'aube. Bien souvent elle rentrait toute embarrassée après s'être rendue compte qu'elle portait un bas bleu et un bas marron.

Je me souviens que les magasins étaient presque vides. Tante Sophie et Jeannette allaient dans les fermes voisines pour chercher de quoi manger. Dans les grandes villes comme Toulouse, on pouvait se procurer de la nourriture au « marché noir », mais tout était très cher. Maman essayait parfois de vendre quelques pièces de linge qu'elle avait réussi à emmener lorsqu'elle ne pouvait vraiment plus faire autrement.

Tout était rationné, y compris les vêtements. Dans les grandes villes comme Toulouse, il manquait un nombre considérable d'aliments pendant l'hiver. Certains jours, Maman rentrait du marché les mains vides. Ces soirs-là, notre dîner se composait de quelques tranches de pain. « Je suis désolée, me disait-elle, mais c'est tout ce que j'ai. »

* * * * *

De plus, Maman s'inquiétait sans cesse du sort des membres de la famille qui étaient encore en Allemagne. Les rumeurs sur les pogroms, les arrestations et les camps de concentration étaient sur toutes les lèvres. Plus le bruit se répandait, plus elle espérait et priait que notre famille trouve un moyen de nous suivre et de se cacher. Une fois à Toulouse, cependant, Maman n'a pas pu rester en contact avec eux.

J'avais quatre ans et demi, mais je me souvenais de Papa, et l'appartement semblait vide sans lui. J'avais peur qu'il ne revienne pas. Maman me disait que je ne devais pas oublier ni Papa, ni notre famille en Allemagne. Elle voulait que je sache que les membres de cette famille faisaient partie de ma vie, mais il était difficile de me souvenir de personnes que je n'avais jamais vues. Ni Maman, ni moi ne pouvions imaginer les souffrances qu'ils subissaient en Allemagne. Je comprenais seulement que nous étions en pleine guerre et que nos vies étaient en danger parce que nous n'étions pas français. Nous étions juifs.

Je demandais à Maman pourquoi ma grand-mère et mes deux tantes n'étaient pas venues avec Papa quand il avait quitté l'Allemagne en 1936. « Papa les a suppliées, mais elles se moquaient de lui, m'expliquait-elle. Elles pensaient que c'était de la folie de quitter l'Allemagne. Elles ne voulaient pas interrompre leurs vies. La plupart des gens pensaient qu'Hitler serait vaincu rapidement et que tout allait rentrer dans l'ordre. »

Nous avions de la chance d'être réunies avec au moins une petite partie de notre famille. Nous avons passé beaucoup d'heures heureuses avec Tante Sophie et Jeannette.

À la fin de l'été, Jeannette m'a emmenée à l'école maternelle de Toulouse pour m'y inscrire. Quand on lui a demandé mon nom, Jeannette a répondu avec emphase : « Elle s'appelle Renée. » Et c'est ainsi que j'ai acquis mon nom français. À partir de ce jour-là, j'ai fait l'aller-retour à l'école avec Jeannette, suivies des garçons du quartier qui restaient toujours un peu en arrière pour qu'on ne les voie pas marcher avec les filles. Jeannette m'a appris à ne jamais avouer à quiconque que j'étais juive, surtout à l'école, et à ne jamais utiliser mon vrai nom en public. Elle s'assurait que j'avais bien appris ma leçon en inventant des jeux où elle prétendait être des personnes différentes qui me rencontraient pour la première fois, et elle me grondait si, par mégarde, je faisais savoir que j'étais soit allemande, soit juive.

Je n'aimais pas l'école, car les autres enfants se moquaient souvent de moi, pas parce qu'ils savaient que j'étais juive, mais simplement parce que j'étais nouvelle. Tous les enfants de la maternelle étaient réunis dans une seule classe et, comme nous étions très jeunes, on nous faisait jouer à des jeux. Toute la journée, j'attendais avec impatience le moment où Jeannette allait venir me chercher à la sortie des classes pour me ramener à la maison. Souvent, elle venait chez nous pour me surveiller, pendant que Maman lavait le linge ou allait chercher de la nourriture.

Quelquefois, quand Jeannette ne pouvait pas venir et que je n'avais pas été sage, Maman m'enfermait dans la cave à charbon derrière notre immeuble. Elle était toujours inquiète, surtout qu'Oncle Heinrich n'était pas avec nous, et elle avait peur que je fasse des bêtises et que j'attire l'attention sur notre logement, voire même sur tout l'immeuble. Je faisais souvent du bruit et une enfant bruyante n'était pas la bienvenue dans un immeuble où tant de réfugiés se cachaient de la police française et des dénonciateurs, qui rôdaient un peu partout à Toulouse.

Avant l'aube, Maman se levait et s'habillait dans le noir. Je me réveillais lorsque je l'entendais descendre l'escalier et marcher le long de la rue pavée. Quelquefois, il y avait un bonbon près de mon lit. Cela signifiait que Maman était partie faire la queue au marché et qu'elle rentrerait bientôt. Elle faisait toujours les courses tôt le matin, car c'était, d'après elle, le seul moment de se procurer de quoi manger. Cette habitude réduisait également le risque de se faire remarquer. Dans une ville, votre destin pouvait chavirer d'un moment à l'autre, mais il fallait bien se nourrir.

Au fil du temps, nous nous sommes habituées à notre situation précaire. Nous avions de moins en moins de liberté, jusqu'au jour où nous nous sommes rendus compte que nous n'en avions plus du tout. C'était comme si quelqu'un avait tiré un tapis sous nos pieds — doucement et imperceptiblement — pour finalement découvrir que sous le tapis, il n'y avait que de l'air. Pour Maman, les souvenirs étaient remplacés petit à petit par la cruelle réalité de la vie dans la France en guerre, et par la menace des nazis envahissant la Zone sud. Maman parlait si peu de l'Allemagne à cette époque que je commençais à me demander si elle y avait vraiment vécu.

Oncle Heinrich est revenu de la Légion en octobre 1940, bien avant Papa. Il était parti pendant un peu plus d'un an et, sauf pendant une brève période au début de leurs tournées militaires, il n'avait pas eu de contact avec Papa. Dès son retour, j'ai été attirée par Oncle Heinrich, peut-être parce que mon père me manquait tant. Je me souviens de lui dans son uniforme, qu'il mettait parfois le soir pour nous raconter des histoires sur le Maroc. Oncle Heinrich était très grand, bien plus grand que Papa, et il était beau et bronzé. Ses traits étaient irréguliers, mais il avait des yeux pleins de bonté et de douceur, comme ceux de Jeannette. Sophie et Jeannette étaient si heureuses de le voir qu'elles ne pouvaient pas cacher le soulagement et l'amour qu'elles ressentaient à l'avoir assis au bout de la table de la salle à manger. Malheureusement, cela semblait faire souffrir Maman. Elle s'inquiétait encore plus du sort de Papa et ne comprenait pas pourquoi il n'était pas revenu sur le même bateau qu'Heinrich. Pendant toute cette période, Maman était morose et émotive, et il m'était difficile d'être à la maison sans Jeannette. Je voulais toujours jouer avec ma cousine ou parler avec Oncle Heinrich, mais la tristesse de Maman m'effrayait et quelquefois, je m'éloignais d'elle.

Un matin de 1941, pendant que je regardais par la fenêtre, je remarquai un homme qui montait la rue. Je regardai cet homme pendant quelques minutes, avant de me précipiter dans le hall pour ouvrir la porte de l'immeuble. Immobile dans l'embrasure, je me mis à crier « Papa ! Papa ! » alors que je ne connaissais même pas cet homme. Il scruta la rue, m'aperçut et sourit. Quand il me fit signe de la main, je n'eus plus de doute : c'était bien mon père. Maman, qui m'avait suivie dans le couloir, se tenait debout derrière moi, tout en essayant de voir qui arrivait. Puis, d'un seul coup, elle se mit à courir dans la rue, en appelant mon père par son nom. Elle se jeta dans les bras de l'homme en uniforme et se mit à sangloter. Je ne l'avais jamais vue tant pleurer. Oui, c'était bien Papa ! C'était à mon tour de courir vers eux et l'homme me prit dans ses bras. Maintenant, Maman riait. Papa cueillit deux fleurs du jardin, qui se trouvait devant notre immeuble, et en donna une à Maman et une à moi. Puis il me porta jusque dans l'appartement et me serra très longtemps dans ses bras.

Benno Kapp, le père de Ruth, 1930

Papa s'assit sur une chaise pendant que Maman préparait notre déjeuner. « Tu as tant maigri ! », dit Maman. « C'est toi qui dis ça ? » répondit Papa. Maman se mit à rire. Cela faisait si longtemps qu'elle n'avait pas ri comme ça. J'ai parlé avec Papa de mon école, de ma cousine Jeannette et de la façon dont j'avais appris à parler français. Chaque fois qu'il m'appelait Ruth, je le corrigeais et lui expliquais que mon nom était désormais Renée, que Jeannette m'avait dit très clairement le premier jour de classe que je m'appelais Renée. Papa hocha la tête et échangea un regard avec Maman. « C'est une très bonne chose », lui dit-il.

Maman expliqua à Papa comment Jeannette m'avait appris à me conduire comme une petite Française. Elle lui dit aussi que le voisin travaillait à la préfecture.

« Peut-on avoir confiance en lui ? demanda Papa.

— Oui, répondit Maman. Il nous a beaucoup aidées et il est très gentil. »

Papa était bronzé et Maman trouvait qu'il était très beau dans son uniforme. « Mais malgré tout, je suis très contente que tu n'aies plus besoin de le porter. »

Je me souviens d'avoir eu peur de m'endormir cette nuit-là. Je ne pouvais m'empêcher de penser que quand je me réveillerais, Papa serait reparti. Il me rassura, en me disant qu'il ne partirait plus. D'une voix douce, il me raconta des histoires sur le Maroc jusqu'à ce que je m'endorme.

Papa trouva du travail dans une usine de ferraille à Toulouse, appelée Tabule. Il y travaillait illégalement de huit heures du matin à six heures du soir. Maman, accompagnée de Tante Sophie, continuait à faire la tournée des fermes voisines pour trouver des légumes. Elle était sereine quand elle parcourait la campagne, mais dès qu'elle retournait en ville, son visage se crispait. Jeannette et moi allions tous les jours à l'école, et nous avions l'impression que personne ne savait que nous étions juives.

La vie semblait presque normale.

Maintenant que Papa et Oncle Heinrich étaient rentrés de la Légion, nos deux familles passaient beaucoup de temps ensemble. Pour la première fois de ma vie, je sentais que j'avais une vie de famille. Oncle Heinrich s'inquiétait de mon manque de progrès en lecture, et donc je lui rendais visite après l'école pour m'exercer avec lui. Nous passions des heures ensemble, et un grand lien se forma entre lui et moi, à la consternation de Maman, qui voulait que je sois à la maison avec elle à tous moments.

À l'école, on nous parlait du Maréchal Henri-Philippe Pétain, le héros de Verdun. Notre institutrice nous disait que le Maréchal était un soldat avisé, qui aidait à la reconstruction de la France, malgré le chaos créé par la guerre. Elle accrocha son portrait au mur de la classe, pour que nous n'ayons pas besoin d'imaginer à quoi il ressemblait quand elle nous parlait de lui. Plus tard, Oncle Heinrich me raconta que leur frère aîné, Richard Kapp, combattant pour les Allemands, avait été tué sur-le-champ de bataille à Verdun en 1916.

Et puis, un beau jour de printemps au cours de cette année-là, notre institutrice nous annonça que Pétain en personne allait bientôt venir à Toulouse. Un grand défilé était prévu sur la Place Jean Jaurès, et le Maréchal devait faire un discours aux habitants de la ville. Je suppliai Papa de m'emmener voir le Maréchal. Mon institutrice nous avait fait comprendre que Pétain conférait un grand honneur à la ville de Toulouse et que c'était notre devoir de l'accueillir. Il tenait particulièrement à s'adresser aux enfants de France.

Quand j'en parlai à Papa, il ne me répondit pas tout de suite. Puis il essaya de m'expliquer que ce serait trop dangereux pour nous d'assister au défilé. Il m'expliqua que, comme nous n'étions pas vraiment français, nous n'avions pas besoin d'être aussi patriotes que les autres. Cependant, plus j'insistais, plus Papa hésitait. Finalement, Maman intervint.

« L'institutrice trouvera peut-être étrange qu'un ou deux élèves n'assistent pas au défilé du Maréchal.

— Mais comment pourrait-elle s'en apercevoir avec le monde qu'il y aura ? » lui demanda Papa. Maman répondit doucement : « Peut-être que les enfants iront tous ensemble. Veux-tu que Ruth se sente exclue ?

— S'ils y vont ensemble, c'est leur choix. Mais c'est moi qui emmènerai Ruth ! »

Maman me sourit. Elle avait toujours peur que nous révélions sans le vouloir nos origines juives et allemandes. Elle nous répétait sans cesse que nous devions nous comporter normalement, comme n'importe quelle autre famille à Toulouse. Si les élèves de ma classe allaient voir Pétain, je devais aussi y aller. Papa était d'accord sur le fait que c'était un événement historique. Mais il avait raison de s'inquiéter. Quelques mois plus tard, la Zone libre allait disparaître, et nous allions être obligés de nous cacher non seulement de la police française, mais aussi de la Gestapo. Pétain allait devenir un homme de paille pour les Français. Il allait être répudié par un grand nombre d'entre eux et enfin condamné pour avoir trahi la France.

Chapitre 3 : Le dernier train de Toulouse

Nous sommes au milieu de la foule Place Jean Jaurès à Toulouse. Maman n'est pas venue avec nous voir le défilé. Il y a beaucoup de bruit et nous attendons tous avec impatience l'arrivée du Maréchal. Je n'ai jamais vu autant de monde. Toutes les têtes sont tournées dans la même direction, mais je ne vois rien d'autre que les jupes foncées et les pantalons des gens debout devant moi. Un chien aboie de l'autre côté de la Place, mais personne ne peut l'attraper, car nous sommes tous derrière des barricades en métal. Finalement, un des gendarmes traverse, le soulève et l'emporte avec lui.

« Les voitures arrivent », me dit Papa. Je le tire par le bras pour qu'il me mette sur ses épaules. Maintenant j'ai une très belle vue. J'aperçois les voitures noires découvertes qui s'approchent vers nous, avec dans l'une d'elles le Maréchal, et derrière ces voitures, le défilé des légionnaires de la région Toulouse-Pyrénées. Papa me dit de saluer de la main. Tout autour de nous, les gens agitent leurs chapeaux, leurs gants et leurs drapeaux. L'enthousiasme de la foule grandit au fur et à mesure que le Maréchal approche. J'adore tout ce bruit. Les gens hurlent : « Vive le Maréchal ! », et certains entonnent La Marseillaise et « Maréchal, nous voilà ! » Nous lançons des confettis qui ressemblent à de la neige de toutes les couleurs et se posent sur les cheveux de la femme devant moi. D'après Papa, toute la ville de Toulouse semble s'être rassemblée sur la Place et plus de vingt mille légionnaires font partie du défilé. Les gens se bousculent, certains sont en colère et lancent des injures aux voitures qui passent. Je ne sais pas pourquoi. Papa écoute ce qu'ils se disent. Peut-être sont-ils juifs et ont-ils peur comme nous.

La Place est superbe, bordée d'arbres aux grandes feuilles vert foncé comme je n'en ai jamais vus auparavant, et aussi d'hortensias et de géraniums.

Papa marche le long du trottoir pour que je puisse voir les voitures qui remontent la rue. Après s'être arrêté derrière toute une colonne de gens qui nous bouchent la vue, il se place à côté d'un arbre où l'on peut mieux voir. Papa me dit que le Maréchal n'est pas dans la première voiture mais dans la deuxième ou la troisième. Il va bientôt s'adresser à la foule. J'aperçois ma maîtresse d'école, mais elle ne me voit pas. Nous attendons un bon moment. Les voitures avancent doucement le long de l'avenue et passent devant nous. Je me mets à crier : « Je le vois ! Je le vois ! » sans vraiment en être sûre. Papa me dit que le Maréchal est l'homme aux cheveux blancs debout dans la voiture découverte qui salue la foule à droite et à gauche. Tous les messieurs dans les voitures portent des chapeaux et semblent me faire signe.

Puis les voitures disparaissent au coin de la rue. Après un long moment, je vois mon amie d'école Monique. Elle se tient avec ses parents de l'autre côté de la rue. Je le dis à Papa qui sourit et fait un signe de tête. Je suis si contente qu'elle puisse me voir avec mon père. Jusqu'à maintenant, j'étais obligée de dire à mes camarades de classe qu'il était parti à la guerre. Maintenant elles savent que, moi aussi, j'ai un père.

Des cris de joie et d'allégresse se font entendre. Tout le monde applaudit. Si je m'asseyais sur le trottoir, je pourrais voir le spectacle à travers les jambes des spectateurs, mais d'après Papa, je ne verrais pas bien le Maréchal. Je reste donc assise sur ses épaules. Un homme aux cheveux blancs et moustache blanche monte sur la tribune au milieu de la Place. « C'est lui, Papa ! », dis-je à mon père qui approuve de la tête. Je salue « notre » Maréchal. Je le vois très bien d'où je suis. Il porte un manteau militaire et salue en portant la main à son képi. On hurle de toutes parts à l'unisson : « Vive le Maréchal ! » Papa se tait.

Le Maréchal serre la main du Maire de Toulouse, puis il présente le drapeau national de la Légion. Le moment est solennel et un grand silence se fait. Le Maréchal lève les mains et commence à parler. Tout le monde l'écoute. Il parle d'union entre tous les Français dont le devoir est de reconstruire la France. « Chacun d'entre nous doit tout faire pour sauver notre pays », dit-il.

Son discours est bref. Sa voix résonne dans toute la rue, car il parle dans un micro. Je ne comprends pas tout ce qu'il dit. C'est un très vieux monsieur. Le soleil réchauffe mon visage et je vois le Maréchal s'essuyer le front. Il s'arrête de parler et les acclamations reprennent. Je ne le vois pas partir parce que Papa me repose à terre. Main dans la main, nous nous éloignons de la foule pour rentrer à la maison. J'aurais bien voulu rester pour voir le cortège de voitures repartir, mais Papa me dit que nous avons un long chemin à faire. Le vent remplit mes yeux de poussière. Les gens sont serrés contre les barricades pour attendre de revoir le Maréchal. « Je ne sais pas d'où viennent tous ces gens », me dit-il.

Nous nous arrêtons dans un café et prenons place près de la fenêtre. Papa commande un faux café et m'en donne une gorgée. Il me dit que c'est de la chicorée. Il n'aime pas ça, mais il le boit quand même. « On ne peut plus obtenir de vrai café », me dit-il. Il me pose à nouveau des questions sur la dame aux cheveux gris qui m'a arrêtée dans la rue après l'école il y a quelques semaines. « Que lui as-tu dit ? L'as-tu revue ? Es-tu sûre que ce n'est pas une de tes maîtresses ? » Je ne me souviens plus vraiment. Pourquoi est-ce si important ? Papa m'explique qu'elle dénonce peut-être les Juifs qui se cachent.

« Elle n'est pas gentille », lui dis-je. Il regarde par la fenêtre sans rien dire. Le vent continue de balayer la poussière.

Nous sortons du café et reprenons le chemin de la maison. Papa connaît bien la route. C'est le début de l'été et les arbres sont couverts de feuilles. Des bacs de fleurs décorent certaines maisons. Papa me tient par la main. Il ne dit rien.

Alors je lui demande : « Tu aimes bien le Maréchal Pétain, Papa ? »

Il regarde droit devant lui.

« Oh, je ne sais pas. Que penses-tu de lui, ma petite Renée ? me répond-il.

— Je l'aime bien, Papa. c'est mon Maréchal, mais il est très vieux pour être Maréchal de France. »

Il rit sans rien dire. J'ai hâte de raconter à Jeannette comment était le défilé.

Le lendemain, le 15 juin, Papa me lit le journal *La Dépêche* qui affiche en gros titre « LE MARÉCHAL EST ACCLAMÉ AVEC UNE FERVEUR ET UN ENTHOUSIASME INDESCRIPTIBLES ». Il y a une photo du Maréchal présentant le drapeau aux légionnaires sur la Place Jean Jaurès. Papa me dit que je n'oublierai jamais ce que j'ai vu, que j'ai fait partie d'un moment historique.

C'est la fin de l'année scolaire à Toulouse. L'été est arrivé et Maman souffre de la chaleur. Elle trouve notre appartement trop petit et il n'y a qu'une seule fenêtre. Papa lui explique qu'on a de la chance d'avoir au moins ça, mais Maman pense qu'il est peut-être temps de chercher un autre logement. Trop de gens connaissent cet immeuble. Moi, je m'y suis habituée et j'en ai assez de déménager. Maman regrette une vie que je n'ai jamais connue.

Jeannette me demande de l'aider à faire la cuisine. Ce soir, c'est le shabbat et elle a invité quelqu'un à dîner. C'est un jeune homme qui travaille dans une imprimerie du quartier. Elle veut bien que je l'aide à s'habiller. Elle a préparé une soupe de poireaux pour son ami. Avant de rentrer chez moi, je lui demande comment on observe le shabbat, mais elle me répond qu'elle n'a pas le temps de m'expliquer ça ce soir. Mes parents n'ont pas observé le shabbat depuis qu'ils sont en France, mais Oncle Heinrich tient à le célébrer malgré le danger que ça représente. « Si tes parents te permettent de rester tard, tu pourras passer le shabbat prochain chez nous, me dit Jeannette. Bon, dis-moi comment tu me trouves. » Elle tourne plusieurs fois sur elle-même pour me montrer la jupe qu'elle a faite avec Maman. Elle attache autour de son cou un collier de perles vertes déniché quelque part. Quand Oncle Heinrich entre dans la pièce, il s'exclame : « Que tu es belle, Jeannette ! »

Debout sur une chaise, je coiffe ses longs cheveux. Jeannette a de jolies boucles que j'aime enrouler autour de mes doigts.

Quelqu'un frappe à la porte entr'ouverte. C'est Papa. Il est rentré tôt de l'usine. Quand il voit Jeannette, il hausse les sourcils et se met à siffler d'admiration. Oncle Heinrich lui dit de venir s'asseoir et de boire un verre de vin avec lui. Tante Sophie s'habille dans la pièce d'à côté. Elle veut faire bonne impression pour l'ami de Jeannette. Papa se retourne, prend le bras d'Oncle Heinrich et lui dit que Jeannette est une beauté. Oncle Heinrich sourit en répondant : « Tu en auras une aussi dans quelques années. »

Je descends de la chaise et cours vers Oncle Heinrich : « Mon oncle, s'il te plaît, lis-moi une histoire avant que je parte. » Il rit et prend mon livre préféré *Le Petit Chaperon Rouge*. Il commence à lire, mais je connais l'histoire par cœur. Je suis les mots du doigt sur les pages. Une fois prête, Tante Sophie vient nous rejoindre. « Ah, une autre beauté ! », dit Papa en se levant. Tante Sophie sourit et se laisse admirer.

« Viens Renée, me dit Papa en regardant sa montre. Il est sept heures. Il est temps de rentrer. Maman va s'inquiéter.

— Je veux rester manger ici ! »

Jeannette rit en secouant la tête. Tante Sophie me serre dans ses bras. « Tu mangeras ici demain soir Renée, d'accord ?

— Oui, merci.

— Bonsoir ! », dit Papa en fermant la porte. Oncle Heinrich et Tante Sophie nous disent au revoir. Une fois l'escalier descendu, nous nous retrouvons dans la rue tranquille. Il fait encore jour. Papa lève les yeux vers le ciel et pousse un profond soupir. Les cigales chantent. Nous tournons le coin de la rue et remontons l'allée qui mène à notre appartement. Une fois rentré, Papa regarde par la fenêtre qui se trouve à droite de la porte d'entrée. Nous sommes là debout à scruter la rue. Un jeune homme passe. Papa me dit que ça doit être l'ami de Jeannette. « C'est sûrement un gentil garçon. » Il rit doucement. Il s'éloigne de la fenêtre en se demandant à haute voix pourquoi il ressent cette sensation si étrange...

Le dîner est prêt et Maman nous attend. « Où étiez-vous ? J'étais inquiète ! » Elle dit toujours ça. Papa m'explique que c'est bon signe quand Maman s'inquiète. Le jour où elle arrêtera de s'inquiéter, c'est que quelque chose n'ira pas.

« J'ai bu un verre de vin avec Heinrich », répond-il. Nous lui racontons l'histoire de la jupe de Jeannette et du jeune homme que l'on a vu dans la rue. Maman trouve qu'il est dangereux pour ce garçon d'être dans les rues pendant qu'il fait encore jour. Il pourrait attirer l'attention sur notre immeuble. Nous savons que beaucoup de Juifs sont surveillés ou ont été ramassés. Papa hausse simplement les épaules. Je vais à la fenêtre pour m'assurer que personne n'a suivi le jeune homme. Je ne vois rien.

Nous sommes à table lorsque tout à coup le plancher du couloir d'entrée se met à grincer, puis on frappe à la porte. Maman et Papa se regardent. Il tient encore un morceau de pain dans la main. « Qu'est-ce qu'il y a ? » Je pose la question à voix basse. On frappe à nouveau. Maman se lève doucement et Papa s'approche de la porte en disant : « Oui ? » « C'est Lambert », répond la voix derrière la porte.

Maman s'assied, soulagée. Elle dit à Papa que c'est le monsieur qui travaille à la préfecture. Papa ouvre la porte et Lambert entre presqu'en courant. Il est hors d'haleine. Il a couru jusqu'ici et dit à Papa de fermer la porte. Maman se lève à nouveau et me prend par la main. L'homme est très agité et semble aussi exténué. Gêné par son embonpoint, il respire avec difficulté après un tel effort.

« Vous devez partir d'ici et vite ! J'ai tout entendu au travail aujourd'hui. Ils connaissent l'immeuble. Il va y avoir une rafle probablement dans l'heure. Il n'y a pas une minute à perdre ! »

Papa avale plusieurs fois. Maman est déjà en train de jeter des affaires dans un sac. Elle prend une petite boîte cachée sous le matelas et la met dans le sac. Je sais que c'est de l'argent. Elle continue à remplir le sac avec des vêtements. Papa se précipite vers la porte. « Où vas-tu, Benno ? » demande Maman en écarquillant les yeux. « Je dois aller prévenir Heinrich. »

Monsieur Lambert lui chuchote à l'oreille : « Vous êtes fou ! Vous n'avez pas le temps. Je vais le prévenir. À quel étage habite-t-il ? » Papa le regarde avec méfiance. « Qui nous dit que ce n'est pas un piège ? Nous allons arriver à la gare et la police sera là pour nous arrêter.

— Benno ! Maman s'écrie. Cet homme nous a tant aidés. Pourquoi est-ce qu'il nous tendrait un piège maintenant ?

— Il va falloir que vous me croyiez, monsieur, à moins que vous vouliez être arrêté ici dans l'immeuble. » Papa explique alors à Lambert où habite Oncle Heinrich. L'homme jette un coup d'œil à sa montre. « J'y vais tout de suite. Vous avez ma parole. Mais quittez cet immeuble aussi vite que possible. Il y a un train qui part dans dix minutes. C'est le dernier pour aujourd'hui. Je préviendrai votre frère, mais dépêchez-vous et partez ! »

Puis il disparaît. Maman a fini d'emballer nos affaires. Elle se met à pleurer. « Et Jeannette alors ? » lui dis-je. « Elle va nous rejoindre, Renée. » Nous parlons tous à voix basse comme si la police était déjà dehors. Papa met son chapeau et nous nous dirigeons vers la porte. Maman se retourne tristement en regardant la table et le repas à moitié consommé.

Nous dévalons l'allée à toute vitesse. De la fenêtre du haut, Sylvie nous regarde partir. Papa se retourne quand je la montre du doigt et il lui fait signe de nous suivre, mais elle tourne la tête. Tante Sophie l'a convaincue que la police n'arrêtera ni les femmes ni les enfants. Maman me pousse devant elle. Je voudrais bien qu'elle arrête de faire ça, mais elle me dit de me dépêcher parce que le train va partir dans cinq minutes. Si on ne l'attrape pas, nous serons arrêtés. Je me mets à rire. Je n'ai jamais vu mes parents courir comme ça surtout avec des sacs très lourds. « Chut, chut », me dit Maman nerveusement. Après avoir tourné le coin de la rue, nous passons devant l'appartement d'Oncle Heinrich. Papa lève les yeux et regarde la fenêtre aux volets fermés, mais nous ne pouvons pas les appeler de peur d'attirer l'attention sur nous. Pas de trace de Monsieur Lambert dans la rue. A-t-il prévenu Oncle Heinrich ? Est-il là-haut en train de les aider à partir ?

Nous nous dépêchons et bientôt nous sommes arrivés à la gare. La ligne de chemin de fer est proche de l'appartement d'Oncle Heinrich. Il devrait arriver d'une minute à l'autre. Mais il ne vient pas. Maman regarde autour d'elle. Papa enlève son chapeau et le tient à la main. Il scrute la rue. Le train entre en gare. Un courant d'air caresse mon visage lorsqu'il me dépasse.

Papa regarde partout, mais Oncle Heinrich n'est nulle part. « Est-ce qu'on va être arrêtés, Maman ?

— Chut, Renée. Quand le train s'arrêtera, reste près de moi. Surtout pas un mot. »

J'approuve de la tête. Je sais ce qu'il faut faire. Maman et moi l'avons déjà fait. Nous sommes debout sur le quai au milieu d'un groupe de gens. Le train entre en gare et le contrôleur descend. Le chef de gare annonce la destination du train. Papa doit montrer des papiers à un homme en uniforme. Nous montons dans un des derniers wagons. Il fait chaud à l'intérieur. Maman et moi cherchons Oncle Heinrich des yeux une dernière fois à travers les fenêtres sales. Il n'est toujours pas là. Il n'y a personne. Nous trouvons deux places près de la fenêtre où nous nous asseyons. Papa reste debout. Il met les sacs sur le porte-bagages au-dessus de nos têtes. Il est tard et le ciel s'assombrit. Je sais qu'Oncle Heinrich va se fondre dans la nuit. Maman et Papa se regardent sans rien dire. S'ils parlent, les gens autour de nous vont savoir que nous sommes juifs et que nous prenons la fuite.

Je regarde fixement par la fenêtre. Heureusement pour nous, le train va à Albi, comme M. Lambert nous l'a dit. Maman m'explique que nous allons dans un village qui s'appelle Saint-Juéry. C'est là où Tante Hanna habite. Son adresse est écrite au dos d'une enveloppe. Les arbres, l'herbe, le quai passent devant mes yeux à reculons. Le train démarre doucement, puis il prend de la vitesse. Je sais maintenant que c'est nous qui bougeons et non pas l'extérieur. Au début, on a l'impression de ne pas avancer du tout. Si tout pouvait s'arrêter ne serait-ce que quelques instants, je sais qu'Oncle Heinrich aurait le temps de nous rejoindre.

Je me retourne et je vois Maman qui pleure, les yeux cachés par un mouchoir. De la voir pleurer me fait monter les larmes aux yeux. Nous sommes maintenant loin de la gare de Toulouse. Papa lève les bras au ciel en signe de désespoir. Il n'y a plus rien à faire.

« Peut-être y aura-t-il un autre train ? chuchote Papa.

— Non, répond Maman en secouant la tête. C'est le dernier train qui part ce soir. M. Lambert avait raison.

— Où va-t-on passer la nuit, Maman ?

— Chez Oncle Oscar », me répond-elle. Papa regarde sa montre. « Il est neuf heures moins vingt », dit-il. Le train va vite maintenant et je suis bercée par ses secousses. J'entends un bruit de martellement sous mes pieds. Je vois une lumière à la fenêtre d'une maison au loin. C'est peut-être la police française qui vient arrêter des Juifs. Pourquoi nous détestent-ils ? Pourquoi veulent-ils nous faire du mal ? J'aimerais tant que Jeannette soit là pour pouvoir lui poser des questions. Je n'en parle jamais à mes parents. J'ai trop peur de leur réponse.

Il fait presque nuit, le ciel est couleur d'encre et on ne voit plus que des ombres. Bientôt même les rues ont disparu et c'est l'obscurité totale. Je perçois des formes, proba-blement des collines toutes vertes le jour et des arbres ressemblant à des fantômes, penchés sur les rails. Tout à coup Maman s'exclame : « Oh Benno, j'ai oublié la cou-verture ! » Puis elle secoue la tête en regardant par la fenêtre, se rendant compte que ça n'a pas d'importance. Au bout de quelques temps, Maman s'endort, mais moi, je n'arrive pas à dormir. J'observe les voyageurs qui montent et qui des-cendent du train. Ce sont tous des civils. L'homme en face de moi se lève pour sortir et Papa peut enfin s'asseoir. Je veux rester éveillée au cas où il se passerait quelque chose. Je n'arrête pas de me dire qu'Oncle Heinrich est dans un autre wagon et que, d'une minute à l'autre, il va venir nous rejoindre dans le compartiment. Papa aussi se retourne chaque fois que la porte s'ouvre. Il me dit que le train ne va pas s'arrêter de si tôt. « Essaie de dormir un peu, Renée. » Il regarde par la fenêtre. Il paraît si triste. Le train, qui va de plus en plus vite, suit le contour d'un coteau rocheux, puis traverse de grands champs. Je me remets à pleurer. Je me souviens que j'ai laissé Jeannette porter mon bracelet ce soir, celui que j'ai trouvé par terre à l'école la semaine dernière. Il lui va si bien. Elle a aussi emprunté ma collection de rubans. Papa me dit que cela l'aidera à se souvenir de moi jusqu'à ce que nous soyons à nouveau réunies.

La tête de Maman dodeline d'un côté et de l'autre tandis que le train ralentit. Un contrôleur traverse le wagon et nous avertit que le train va bientôt s'arrêter. Papa regarde sa montre et Maman ouvre les yeux en disant : « On ne peut pas être déjà à Albi...

— Non, pas encore », répond Papa.

Le train vibre en contournant un champ obscur. Nous avons l'impression de glisser. Puis le crissement des freins et un sifflement strident se font entendre. Papa ne sait pas où nous sommes. L'homme en uniforme entre dans notre compartiment et annonce : « Dernier arrêt pour ce soir. Tout le monde descend. »

« Il a dû se tromper », dit Maman. « On n'est pas à Albi. Et si c'était un piège, Benno ? On est en plein champ. »

Nous devons descendre. Papa empoigne les bagages. Maman me prend par la main. Nous attendons que le train s'arrête et nous nous dirigeons vers la porte. Des gens nous poussent : tout le monde veut savoir ce qui se passe.

Maintenant, il fait nuit noire. Nous descendons du train, et l'employé du chemin de fer nous informe que nous sommes à la lisière d'Albi. Il faut marcher jusqu'à la ville. Personne ne sait pourquoi le train s'est arrêté là. « Tournez à droite et suivez la route principale », nous dit-il. J'entends des gens se plaindre, mais tout le monde se met à marcher dans la même direction le long d'un chemin de terre.

Papa se retourne plusieurs fois. Il me dit de marcher devant lui. Il confie à Maman qu'il craint qu'on nous tire dans le dos. Il a entendu dire que cela arrive dans d'autres pays.

Je ne m'étais jamais trouvée dehors la nuit, sauf quand Maman et moi sommes arrivées la première fois à Toulouse. J'ai horriblement peur, mais je ne veux pas le montrer à mes parents. Tout autour de nous, on entend les cigales et d'autres bruits étranges que je n'ai jamais entendus auparavant. Maman me tient par la main. Des ombres étranges volent au-dessus de nos têtes. Papa me dit que ce sont des oiseaux de nuit ou des chauve-souris. « Ils ne vont pas nous faire de mal, Ruth. » Il m'appelle par mon vrai prénom, mais ce n'est pas grave puisque personne ne peut nous entendre.

« Comment allons-nous trouver Saint-Juéry maintenant ? » demande Maman.

Nous arrivons enfin dans une petite ville. Les gens qui marchent devant nous se dirigent dans des rues différentes. Papa demande : « Pouvez-vous m'indiquer le chemin pour Saint-Juéry ? » Pas de réponse. J'aperçois une lueur orange qui brille puis disparaît. Je sens une forte odeur de tabac. Quelqu'un est en train de fumer. J'ai entendu dire qu'il était très difficile d'obtenir des cigarettes en ce moment. Une voix d'homme s'élève : « Suivez cette route vers le centre-ville. Quand vous arriverez dans la rue principale, tournez à gauche et suivez l'Avenue Gambetta jusqu'à la sortie de la ville.

— Combien de temps cela nous prendra-t-il ? demande Papa.

— Une bonne heure et demie et peut-être plus avec la petite. »

Maman gémit, mais Papa explique qu'il faut absolument se rendre à Saint-Juéry ce soir.

« C'est facile pour toi qui as été dans la Légion, répond Maman.

— Écoute, je vais porter tous les sacs. De toute façon, nous avons le temps et nous ne pouvons pas passer la nuit sur la route. »

* * * * *

Nous marchons pendant très longtemps, seuls sur la route. Quelquefois, Maman s'arrête et s'appuie contre le mur d'un immeuble. Les bruits étranges me font peur. Ce sont peut-être des animaux qui s'appellent dans les arbres. De temps en temps une branche se casse et Papa prête l'oreille. Quand nous arrivons dans la rue principale, j'aperçois au loin la silhouette d'un énorme bâtiment. Il est dominé par une tour et entouré d'un mur. Papa me dit que c'est une cathédrale. « On pourrait dormir à l'intérieur ce soir », suggère Maman, mais nous tournons à gauche et suivons les indications que le monsieur nous a données.

« La cathédrale est probablement fermée à clé », répond Papa. Maman ne dit rien. Nous marchons en traînant les pieds. Je suis si fatiguée que Papa est obligé de me porter. Maman prend les sacs. J'ai très mal aux pieds.

« Marchons au milieu de la route, dit-elle. Peut-être que quelqu'un passera en voiture et nous laissera monter. »

C'est ainsi que nous continuons notre chemin. Quelquefois Papa et moi devançons Maman, d'autres fois nous marchons tous ensemble.

« Ce n'est peut-être pas une bonne idée, dit-il. Si quelqu'un est en voiture à cette heure-ci de la nuit, c'est probablement la police. C'est un bon moyen de se faire prendre. Retournons au bord de la route. » Maman est tellement fatiguée qu'elle veut s'arrêter. Papa me pose par terre et Maman s'assied sur un des sacs au milieu de la rue. « J'étais dans le même état en arrivant à Alençon. Je suis contente que tu sois là cette fois-ci, dit-elle tout bas à Papa. Comment allons-nous trouver le logement d'Oscar à cette heure de la nuit ? Nous avons l'adresse, mais comment trouver la rue ? »

Papa hausse les épaules. « Il y a bien quelqu'un qui va finir par passer. »

Nous nous remettons en marche. L'obscurité est presque totale. Les mêmes ombres étranges se précipitent sur moi et je mets les mains sur mes yeux pour me protéger. Papa me soulève pour me porter. Maman prend les deux sacs. Je m'endors presque dans les bras de Papa.

Hanna avec Raymonde et Lissy avec Ruth, 1938

Au loin nous apercevons des immeubles. Maman se demande si Oscar utilise un autre nom. « Peut-être ont-ils des faux papiers. » Elle s'arrête au milieu de la route pour reprendre un peu de force. « Plus vite nous arriverons, plus vite tu pourras te reposer », dit Papa. Comme il est obligé de porter les sacs, je dois à nouveau marcher. Pauvre Maman, elle est si fatiguée qu'elle se met à pleurer. Elle couvre son visage de ses mains. Papa pose les sacs, prend Maman dans ses bras et la serre très fort. Je m'approche d'eux et j'essaie de mettre mes bras autour de leurs jambes. Papa se met à rire, puis c'est au tour de Maman.

En haut de la côte qui forme la rue principale, nous arrivons à un croisement. Nous devinons des immeubles des deux côtés de la rue. Il y a un café qui fait le coin, mais il est fermé. Nous nous appuyons sur le mur de briques pendant que Maman sort un morceau de papier tout froissé sur lequel est écrite l'adresse d'Oncle Oscar. Heureusement pour nous, il y a une vieille carte de Saint-Juéry affichée sur la vitre du café. Papa allume une allumette pour mieux voir et suit le trace des rues avec son doigt. Il allume une deuxième allumette. Il fait très lourd, comme en plein jour. Tout en s'appuyant contre la vitre du café, Maman me demande si je me souviens d'Oncle Oscar et de ma cousine Raymonde. Je fais non de la tête. « Ne t'inquiète pas. Tu les reconnaîtras quand tu les verras. » Maman sourit. La fatigue se lit dans ses yeux et sur son visage. Elle s'essuie le front avec un vieux foulard qu'elle portait autour du cou. « C'est là, dit Papa. Dans cette direction. » En ramassant nos sacs, il ajoute : « Il faut que nous redescendions la rue.

— Oh mon Dieu ! » Maman est si fatiguée que Papa doit l'aider à se remettre en marche. Je me suis habituée à l'obscurité et je n'ai même plus peur. Après avoir descendu la rue principale, Papa s'arrête. « C'est dans cette rue. » Maman le regarde. « Il doit habiter par là. »

Nous nous arrêtons devant une maison un peu en retrait et Papa remonte l'allée jusqu'à la porte. Maman et moi le suivons de près. Il fait très sombre. Il n'y a pas de lumière aux fenêtres couvertes de rideaux noirs. Papa pose les sacs et frappe à la porte. Pas de réponse. Maman met sa main sur mon épaule.

« Il est tard, Benno. Ils doivent dormir. Frappe encore une fois. »

Papa frappe à nouveau, mais personne ne vient. Il fait le tour de la maison et nous le suivons. J'aperçois une clôture qui entoure un petit jardin et une corde à linge. Quelqu'un doit habiter ici. Même si on ne les voit pas, on entend les cigales. Elles sont comme nous : elles se cachent la nuit. Papa frappe à la petite porte derrière la maison et à la fenêtre peinte en bleu marine.

Finalement, on entend un faible bruit venant de l'intérieur. Nous attendons avec appréhension ne sachant pas qui va ouvrir la porte. Peut-être qu'Oncle Oscar et Tante Hanna sont partis il y a bien longtemps. La porte s'entr'ouvre sur un homme de grande taille tenant une lampe à huile qui projette une faible lumière. Maman chuchote : « Oscar ? » L'homme s'approche pour mieux voir. Il nous regarde en fronçant les sourcils. Puis j'entends un son aigu sortir de la gorge de Maman comme si elle allait pleurer.

« Lissy ? »

Il nous fait entrer rapidement dans la maison obscure et Maman l'embrasse, les larmes aux yeux, puis il la serre dans ses bras. Elle vient de retrouver son frère. Et il est bien vivant.

Chapitre 4 : La rafle chez Oncle Oscar

Heureusement pour nous, Albi est sur la ligne directe de Toulouse. Cette nuit d'août 1942, le train n'alla pas plus loin. Albi fut donc le dernier arrêt et, pour des raisons inconnues, le train s'arrêta avant son entrée en gare. Oncle Oscar essaie de reconstituer ce qui s'est passé, pendant que Maman lui explique d'un seul coup tout ce qui nous est arrivé. Assis dans un coin de la pièce faiblement éclairée, Papa se tait, l'air défait, le visage terreux. Maman raconte à Oncle Oscar que nous avons été prévenus, par le voisin qui travaille à la préfecture, qu'une rafle imminente allait avoir lieu. « Nous ne savons pas ce qui est arrivé à Heinrich. Il ne nous a pas rejoints à la gare », dit Maman tout bas.

Oncle Oscar regarde Papa avec une lueur d'espoir :
« Peut-être qu'un autre train est parti dans une autre direction après le vôtre...

— Non, répond Papa en secouant la tête, il n'y a pas d'horaire pour les trains qui partent de Toulouse, et le monsieur de la préfecture nous a bien dit que c'était le dernier train de la journée. »

Oscar secoue la tête et se tait. Je le regarde fixement et des souvenirs assez vagues me reviennent de cet homme qui m'avait semblé bien plus jeune la dernière fois que je l'avais vu. Il a moins de cheveux et il est bronzé, comme s'il travaillait dehors la plupart du temps. Je trouve que Maman et Oncle Oscar ne se ressemblent pas. Il est bien plus grand qu'elle ; il a le visage large et les cheveux bruns, tandis que Maman a un visage long et étroit et des cheveux châtain clair.

Tante Hanna entre dans la pièce et commence à parler. Dès que j'entends le son de sa voix, je me souviens d'elle, bien qu'elle ait beaucoup maigri et qu'elle paraisse très fatiguée. Elle fait chauffer du thé et prépare du pain et du fromage. Maman rit doucement en lui disant que nous n'avons même pas eu le temps de finir notre dîner à Toulouse.

« Notre repas était sur la table, la nourriture encore chaude, et pourtant nous ne pensions qu'à partir au plus vite.

— Quel festin pour les policiers ! », plaisante Papa.

Nous sommes assis dans une petite pièce à côté de la cuisine. Nous avons tous des visages très pâles à la lueur des bougies. Il est tard et tout le monde est fatigué. Je me souviens d'un fauteuil et d'un vieux canapé rembourré sous la fenêtre. Les précédents locataires avaient laissé les meubles dans l'appartement.

De lourds rideaux noirs couvrent les fenêtres, et Oncle Oscar nous explique qu'il ne peut pas allumer la lumière de peur d'attirer l'attention.

La famille Lyon, des réfugiés juifs eux aussi, habitent au-dessus de l'appartement d'Oncle Oscar et de Tante Hanna. Ils ont eu bien des déboires avant d'arriver à Saint-Juéry. Ayant échappé à plusieurs arrestations, ils ne voulaient prendre aucun risque dans le nouveau village. Oncle Oscar et la famille Lyon avaient pris les précautions nécessaires pour ne pas attirer l'attention sur l'immeuble. Et surtout, aucune lumière ne devait filtrer la nuit. Oncle Oscar explique à Papa qu'il y a des gens dans le village qui ont des moyens de savoir ce qu'il est advenu d'Oncle Heinrich ou des autres personnes dans notre immeuble à Toulouse.

« Oui, dit Papa, nous avions également des gens comme ça à Toulouse. Il y avait un groupe de jeunes gens et de jeunes filles — dont quelques-uns habitaient dans notre immeuble — qui semblait toujours être au courant, avant les autres, de ce qui se passait. »

Oncle Oscar se penche en avant. « Certains jeunes gens à Saint-Juéry et à Arthès nous ont énormément aidés. Ils sont obligés de travailler clandestinement, sinon ils seraient arrêtés et envoyés en Allemagne dans des camps de travaux forcés. Ils font tout pour résister à l'oppresseur. Je vais contacter l'un d'entre eux et voir ce que je peux apprendre. Il a un ami à Albi, qui va à Toulouse une fois par mois.

Evelyne et Raymonde Nussbaum, 1940

— Sinon, dit Papa à voix basse, je retournerai à Toulouse et j'essaierai de trouver Heinrich. Si je n'arrive pas à le retrouver, j'irai à la recherche de Sophie et de Jeannette. Sophie pourra nous dire si les choses ont mal tourné.

— Benno, crie Maman, tu n'y penses pas ! Tu pourrais te faire arrêter à la minute où tu descends du train à Toulouse.

— Mais c'est mon frère », insiste Papa.

Un silence gêné se fait dans la pièce. Tante Hanna lève la tête, tourne son regard vers la porte et sourit. « Ruth, dit-elle, voilà quelqu'un dont tu te souviens sûrement. »

Ma cousine Raymonde se tient debout près de la porte. Cela fait deux ans que je ne l'ai pas vue. Elle a entendu des sons de voix et est venue voir qui était arrivé si tard. Nous nous disons bonjour d'une voix timide, puis Raymonde m'emmène dans la chambre à coucher pour me montrer sa sœur, Evelyne. Je me souviens de sa petite sœur, qui a maintenant trois ans. « Elle ne sait pas encore parler », me confie Raymonde. La nuit, Evelyne dort avec un biberon qu'elle entoure de ses petits doigts et avec une couverture effilochée qu'elle tient de l'autre main. Elle dort à poings fermés. Raymonde sourit d'un air moqueur et dit : « Quel bébé ! »

Il n'y avait que trois pièces dans l'appartement : une chambre à coucher, une cuisine et un salon. Elles étaient petites et étriquées, et il y avait peu de place pour circuler. Le plafond était bas, et Oncle Oscar devait baisser la tête quand il allait du salon à la cuisine. Un escalier extérieur menait à l'appartement du dessus, celui de la famille Lyon, qui était de mêmes dimensions. Les meubles de l'appartement d'Oncle Oscar étaient vieux, et le tapis, orné de motifs de rose au centre, était usé et effiloché. Le papier peint fleuri était taché et se décollait par endroits ; des morceaux de plâtre tombaient en pluie fine dès que quelqu'un marchait lourdement sur le plancher. Il n'y avait pas d'eau courante et les latrines étaient situées derrière la maison. L'immeuble avait été fermé pendant quelque temps avant l'arrivée d'Oncle Oscar. C'est pourquoi les meubles, les boiseries et même le plancher étaient abîmés et moisis.

Tante Hanna me dit que je peux dormir avec Raymonde dans la chambre à coucher. Maman et Papa dormiront dans le salon. La nuit est déjà bien avancée et nous sommes si fatigués que personne ne peut plus parler. Tante Hanna nous dit de nous reposer. « Nous nous organiserons demain matin, dit-elle à Maman. Je suis si contente que nous soyons réunis, Lissy. »

*　*　*　*　*

Tante Hanna avait planté des légumes dans le jardin derrière la maison. L'après-midi, Raymonde et moi jouions avec le tuyau d'arrosage et nous nous aspergions d'eau fraîche. Le soir, nous prenions le biberon d'Evelyne et nous lui donnions l'un de nos gobelets à la place. Elle ne s'est jamais plainte. Au contraire, elle semblait préférer boire au gobelet, tandis que nous prétendions être des bébés encore au biberon. J'adorais jouer avec Raymonde parce qu'elle était de mon âge, mais je pensais souvent à Jeannette et elle me manquait.

Dès notre première semaine à Saint-Juéry, Papa et Oncle Oscar commencèrent à prendre des dispositions concernant un éventuel voyage à Toulouse. Au cours de l'une de leurs discussions, Oncle Oscar promet à Papa qu'il va essayer de trouver quelqu'un qui se rendra peut-être à Toulouse dans les semaines à venir. « Ton frère est peut-être caché ailleurs, dit-il. Peut-être ne voulait-il pas quitter Toulouse. Ou peut-être encore a-t-il essayé de prendre le train, mais il l'a raté et il a dû se cacher ailleurs jusqu'à ce qu'il puisse prévenir sa femme.

— J'ai pensé à toutes ces éventualités, répond Papa, mais j'ai un mauvais pressentiment. »

Dans la cuisine, Maman et Tante Hanna, qui essuient la vaisselle, se regardent en silence. Le rituel de la vaisselle était le même tous les jours : Tante Hanna pompait l'eau derrière la maison, remplissait un énorme seau qu'elle transportait dans la maison, puis en mettait une certaine quantité dans une cuvette. C'était elle qui lavait la vaisselle et c'était Maman qui l'essuyait.

Plus personne ne parle d'Oncle Heinrich pendant tout le reste de la semaine.

Nous nous nourrissions de légumes du jardin ainsi que de pommes de terre et de soupe aux poireaux. Maman avait vendu un bougeoir en argent qu'elle et Papa utilisaient pour la prière du shabbat avant leur arrivée en France et avec cet argent, elle avait acheté de la viande de veau au marché noir. C'était pour remercier Oncle Oscar et Tante Hanna de nous avoir hébergés au tout début de notre séjour à Saint-Juéry.

Nous avions l'habitude de nous coucher tôt à la campagne. Une nuit, un bruit de camion qui s'arrête dans la rue nous réveille à trois heures du matin. Des portes claquent et j'entends le fracas des bottes qui traversent la place pavée de grosses pierres carrées. Une voix d'homme se met à hurler : « Lyon ! Monsieur Lyon ! » Quelqu'un frappe lourdement à la fausse porte d'entrée. En un rien de temps, Oncle Oscar et Papa nous ont sorties du lit et nous sommes debout près de la porte de derrière. Je m'accroche à Maman. Tante Hanna serre Evelyne pour qu'elle ne pleure pas. Raymonde et moi, nous nous tenons par la main. La police a découvert la porte sur le côté qui mène à l'appartement du deuxième étage. On entend des coups sur la porte que quelqu'un enfonce de force. La police monte les marches en bois à toute vitesse. Ils passent à côté du mur du salon, derrière lequel nous sommes blottis dans l'obscurité. Ils se remettent à hurler : « Lyon ! Lyon ! »

Nous restons là sans bouger, comme des statues de marbre, alors qu'au-dessus de nos têtes on entend des bruits de meubles qu'on renverse et des portes qui claquent. Ils frappent à une autre porte, probablement celle de la chambre à coucher qui était peut-être fermée pour ralentir la police. Un objet tombe par terre et se casse. Nous n'entendons aucun cri, aucun pleur, aucune voix sauf celles de la police, puis le bruit de leurs bottes qui descendent l'escalier. Je me dis que c'est maintenant à notre tour d'être arrêtés. Ils se rendent derrière la maison et découvrent la porte étroite. Oncle Oscar murmure : « Dès que je vous fais signe, nous descendrons l'escalier, un par un, jusqu'au jardin. Attendez que la personne devant vous soit déjà dans le jardin avant de sortir. Éloignez-vous le plus loin possible de la maison. Dispersez-vous comme des oiseaux et cachez-vous dans l'herbe. Ne faites aucun bruit et surtout ne criez pas et ne pleurez pas. »

Je tourne la tête et l'enfouis dans la jupe de Maman. Puis j'entends Oncle Oscar ouvrir la porte de derrière. Nous ne bougeons pas et nous n'avons aucune raison de le faire, car personne ne hurle le nom d'Oncle Oscar. Ils ne sont pas venus frapper à notre porte. Oncle Oscar nous dit à voix basse : « Ne bougez pas encore, cela pourrait être un piège. » Sont-ils venus seulement pour la famille Lyon ?

Nous attendons encore quelques minutes dans la cuisine obscure, jusqu'à ce que nous entendions le moteur du camion démarrer. Papa et Oncle Oscar vont à la fenêtre et soulèvent le rideau noir pendant que le camion s'éloigne. Il m'est difficile de voir Papa dans l'obscurité, mais il semble secouer la tête. Il dit en s'éloignant de la fenêtre : « Le camion était rempli de gens du village. »

Nous nous regardons tous, respirant à peine.

« Oscar, murmure Maman, pourquoi ne t'ont-ils pas appelé ?

— Nous ne sommes probablement pas encore sur les listes. Ils ne savent pas que nous sommes ici.

— Et la famille Lyon ? demande Papa.

— Ils se sont enfuis.

— Vraiment ? Comment le sais-tu ?

— Quand je me tenais près de la porte, j'ai entendu quelqu'un dans le jardin. Ils ont dû sauter par la fenêtre du haut, atterrir sur la grande branche du noyer, puis se laisser tomber par terre et s'enfuir.

— D'après toi, où sont-ils allés ?

— Ils ont dû se cacher dans les champs pour ce soir. Ensuite, ils iront probablement à Marseille ou à Nice. »

Ce n'était pas la première rafle à laquelle mes parents assistaient, mais c'était la première fois qu'ils l'avaient vraiment échappé belle.

Nous sommes retournés nous coucher, et j'ai dormi avec Maman le restant de la nuit, trop effrayée de la quitter. J'avais peur que la police revienne pour nous arrêter.

« D'abord Heinrich, puis ça, souffla Maman à Papa cette nuit-là. Comment pourrons-nous survivre une autre année ? »

Pour la première fois je me rendais compte que Maman et Papa étaient persuadés qu'Oncle Heinrich avait été arrêté et déporté. J'essayais d'imaginer la police montant l'escalier, frappant à la porte à grands coups, mais je ne pouvais pas en supporter l'idée. C'était impossible. J'espérais de toutes mes forces que mes parents avaient tort.

Une semaine plus tard, un certain Bernard, qu'Oncle Oscar connaissait, nous trouva un appartement d'une pièce dans le village d'Arthès, situé à proximité de Saint-Juéry, de l'autre côté du Tarn. Nous habitions dans une petite rue, au-dessus du tabac du village. L'appartement était au-dessous de celui de la famille Fédou, dans le même immeuble. Nous ne savions pas encore qu'ils deviendraient nos protecteurs. Ils avaient déjà caché une famille juive dans ce même appartement, mais au cours de la nuit des rafles à Saint-Juéry, cette famille avait été parmi les premières à être arrêtées. Horrifiés, les Fédou s'étaient sentis fautifs de n'avoir pu protéger la famille qu'on leur avait confiée. Ils avaient bien l'intention cette fois-ci de faire tout leur possible pour nous protéger.

Les Fédou étaient catholiques et pensaient qu'ils n'avaient rien à craindre de la police française. Mais on savait bien qu'un Français qui protégeait des Juifs risquait sa vie et pouvait être arrêté et envoyé dans un camp de concentration. Plus tard, Monsieur Fédou allait jouer un rôle actif dans la Résistance du Sud de la France. Plusieurs mois après notre arrivée, mes parents allaient apprendre que la plupart des jeunes gens du village étaient impliqués d'une manière ou d'une autre dans les actions de la Résistance.

Nous nous sommes vite liés d'amitié avec la famille Fédou et j'aimais jouer avec leur fille Andrée, qui remplaçait un peu Jeannette pour moi. Elle avait environ quinze ans quand je l'ai rencontrée pour la première fois. Elle était menue, brune avec des yeux bleus, et elle avait un bon sens de l'humour. Cette année-là, sa sœur Lucette s'était fiancée. Je trouvais Lucette très jolie ; elle avait les cheveux bruns et un visage radieux et doux. Madame Fédou était une femme ouverte et généreuse. Elle était petite et un peu forte, et ses cheveux blancs et courts entouraient un visage au teint rougi par le soleil. Monsieur Fédou, assez fort lui aussi, portait toujours des bleus de travail usagés. Je croyais qu'il ne se changeait jamais ! Il portait aussi toujours un gilet qui laissait voir une montre attachée à une vieille chaîne en or, ainsi qu'un béret. Il avait une moustache et des cheveux grisonnants, et surtout, je me souviens qu'il adorait l'ail. Je le vois toujours un couteau à la main en train d'éplucher une gousse d'ail. Enfants, nous pensions que l'ail avait des pouvoirs magiques. Souvent le soir, nous nous réunissions pour jouer dans la salle à manger encombrée des Fédou, puis nous nous installions autour de la grande table et écoutions les adultes parler de la guerre.

Arthès était un petit village, avec des rues abruptes et étroites et des maisons aux toits rouges. Le tabac surplombait la place du village, tandis que l'entrée de notre appartement donnait sur une rue perpendiculaire à la Place. Il y avait, derrière les maisons, de beaux jardins potagers et des fleurs, et au loin, on pouvait voir les champs dans lesquels un grand nombre des hommes du village travaillaient. Beaucoup de villageois se rendaient tous les jours à Saint-Juéry pour faire leurs courses ou, quand c'était possible, pour prendre un taxi qui se rendait à Albi. Comme il n'y avait pas d'essence, ces taxis roulaient au charbon. À moins d'une urgence, il n'y avait pas de moyens de transport entre les deux villages, excepté la bicyclette et la marche à pied. Heureusement, nous avions la possibilité de nous rendre régulièrement chez Oncle Oscar à Saint-Juéry, mais comme nous étions juifs, nous évitions le plus possible d'être dehors.

Un après-midi, j'accompagnais Papa chez Oncle Oscar. Il voulait absolument pouvoir retourner à Toulouse et contacter Tante Sophie. Il espérait qu'un résistant pourrait l'aider. Il commença à parler du plan qu'il avait en tête à Oncle Oscar, qui l'écoutait attentivement.

« Pendant notre séjour à Toulouse, nous avons entendu parler d'un organisme qui s'occupait de placer les enfants dans des familles d'accueil si quelque chose arrivait à leurs parents. Cet organisme s'appelle l'OSE (Œuvre de Secours aux enfants). Notre voisin, qui travaille à la préfecture de police, nous a parlé d'un bureau où nous pouvions nous adresser pour obtenir de plus amples informations. Alors, un jour j'y suis allé, et j'ai parlé à une dame qui était très gentille. Étant elle-même juive, elle comprenait très bien pourquoi tant de personnes étaient terrifiées par les rafles qui avaient lieu un peu partout en ville. Je lui ai expliqué que Lissy et moi irions à Saint-Juéry en cas de grave danger, puisque nous savions que vous y étiez. La dame a regardé dans les dossiers et m'a donné le nom d'un Monsieur

Harlam, un des directeurs de l'OSE. Son bureau est à Saint-Juéry, mais il habite à Arthès.

— Très bien. As-tu son adresse ?

— Oui. Et la dame nous a dit qu'il pourrait nous procurer un peu d'argent, mais il faudra que la transaction se fasse en secret. C'est ainsi qu'il opère.

— Et des faux papiers ? Si tu retournes à Toulouse, tu en auras besoin, lui dit Oncle Oscar.

— Ça, je n'en suis pas sûr, répond Papa en haussant les épaules.

— Si ce monsieur ne peut pas t'en procurer, je connais quelqu'un dans le village qui pourra le faire. »

Papa rencontra Monsieur Harlam le lendemain. Il put obtenir de lui assez d'argent pour le voyage à Toulouse, mais pas les faux papiers à moins d'attendre plusieurs semaines. Mais Papa était pressé. Oncle Oscar rassura Papa que son autre source à Saint-Juéry pourrait les lui obtenir.

Un soir, je vais avec Papa dans un bureau situé dans un vieil immeuble d'une ruelle de Saint-Juéry, à proximité de la Mairie. Il est six heures et Papa veut donner l'impression qu'il se promène avec sa petite fille. Oncle Oscar nous rejoint à l'entrée d'un café près du bureau. À ma vue, il hausse les sourcils. « Benno, pourquoi as-tu emmené la petite ? Tu n'as pas peur des risques que tu prends ?

— J'ai pensé que les gens ne nous soupçonneraient pas si Renée était avec nous. »

Papa et Oncle Oscar parlent de choses et d'autres. Nous remarquons un camion de livraison garé en face de l'immeuble. Oncle Oscar trouve la présence de ce camion étrange à cet endroit-là et à cette heure-ci. Et il ne livre certainement pas des fournitures de bureau puisqu'on peut lire en grosses lettres sur le côté : Charcuterie-Salaisons-Conserves. Pendant que nous attendons, on ne voit personne entrer ni sortir de l'immeuble.

Au bout de quelques instants, Oscar jette un coup d'œil sur sa montre. Il nous dit qu'il va entrer en premier puisqu'il connaît le monsieur, et nous demande de le rejoindre cinq minutes après. Ce laps de temps lui permettra de s'assurer qu'il n'y a aucun danger et qu'aucune interruption inattendue n'est à craindre.

Papa et Oncle Oscar se mettent à rire devant tant de mystère, puis le visage d'Oncle Oscar s'assombrit. Nous le suivons des yeux alors qu'il se dirige vers l'immeuble. Une fois entré, il nous fait signe que nous devrons partir immédiatement si quelqu'un nous observe ou nous lance des regards suspects.

Lorsque les cinq minutes se sont écoulées sans incident, Papa et moi pénétrons dans l'immeuble et montons l'escalier étroit. Puis nous suivons un couloir obscur au bout duquel se trouve une petite porte. Papa frappe et la porte s'ouvre tout de suite. C'est Oncle Oscar qui nous attendait. Il nous fait entrer rapidement. Un homme, petit mais large de carrure, est assis à son bureau, le dos tourné. Il nous dit simplement : « Soyez les bienvenus. » Une cigarette est en train de brûler dans le cendrier posé devant lui. Papa lui demande où il s'est procuré des cigarettes en ces temps de pénurie, mais il ne répond pas. La pièce est peu éclairée et il n'y a aucun endroit pour s'asseoir ; des livres sont éparpillés un peu partout et les quelques meubles qui la composent sont couverts de dossiers, de cahiers et d'horaires. De jour, l'homme travaille à la mairie et après le travail, il fabrique des faux papiers pour les Juifs qui se cachent. « Voilà le monsieur dont je vous ai parlé. Il a besoin de faux papiers pour sa femme et sa petite fille, mais surtout pour lui.

— Comment s'appellent-ils ? » demande-t-il tournant à peine la tête pour nous adresser la parole. Nous avons réalisé plus tard qu'il ne voulait pas qu'on le regarde de trop près de peur qu'on puisse l'identifier si nous étions arrêtés.

Papa répond : « Benno Kapp, Elisabeth Kapp et Ruth Kapp. » Je rétorquais sans réfléchir : « Je m'appelle Renée. »

— Bon, dit le monsieur en riant, tu peux garder ton nom puisqu'il est bien français. » Puis s'adressant à Papa : « Je veux bien changer votre nom, mais il faudrait garder les mêmes initiales dans la mesure du possible. » Papa est d'accord. Le monsieur réfléchit quelques instants, consulte son cahier et dit : « Que pensez-vous de Bernard Kapère ?

— Oui, répond Papa, ça sonne bien. »

Le monsieur hésite. « Ce nom ressemble un peu trop à un autre que j'ai créé la semaine dernière. Je vais changer le K en C, Bernard Caper. »

Oncle Oscar est d'accord. Papa remet une enveloppe contenant une somme d'argent au monsieur qui consulte ensuite un gros livre ; après avoir tourné plusieurs pages, il étudie une carte. « Je vais indiquer que vous êtes de Bissheim, d'accord ? Et puis non, dit-il après une pause.

— Wittenheim ? suggère Oncle Oscar.

— Oui, c'est mieux. Vous êtes tous nés en Alsace à partir de ce soir. J'espère que vous parlez un bon français parce qu'à partir de maintenant, vous êtes français. »

Papa sourit. Le monsieur se retourne enfin et me regarde droit dans les yeux. « N'oublie pas, fillette, que tu as un nouveau nom de famille. Ne crée pas d'ennuis à ton Papa. » Je fais non de la tête. Il nous dit que les cartes d'identité ne seront prêtes que dans quelques jours. Il a plusieurs commandes avant la nôtre. Oncle Oscar s'occupera de les récupérer dès qu'elles seront prêtes.

Nous redescendons l'escalier de l'immeuble. L'odeur moisie et enfumée de la pièce est maintenant derrière nous. Je répète dans ma tête « Renée Caper », mais je ne sais pas si j'aime mon nouveau nom ou pas. J'irai dans une nouvelle école du village et je serai une nouvelle personne. Je m'étais toujours considérée comme française, mais les rafles, les regards suspects, la peur me rappelaient que j'étais aussi une enfant juive. Tout cela venait d'être effacé. Je n'étais plus juive, j'allais être protégée par une fausse pièce d'identité, un mensonge. Maman m'avait dit qu'un nouveau nom nous sauverait de la police.

« Pourquoi fait-il cela pour nous ? » demande Papa à Oncle Oscar sur le chemin du retour. « Pourquoi ? Parce qu'il est contre le régime de Pétain, mais il a besoin de conserver son travail pour subvenir à ses besoins. C'est aussi simple que ça », dit Oncle Oscar à voix basse.

Je ne comprends pas. Comment tous ces gens peuvent-ils être contre notre Maréchal ? Il y avait des affiches de lui partout ; c'était notre héros. Le Maréchal est-il contre nous ? Je commence à croire que Jeannette avait raison. Le vainqueur de Verdun, que je considère de moins en moins comme un héros, est en train de devenir un vieux personnage douteux qui me regarde fixement sur les affiches de Saint-Juéry. Il ressemble à peine à l'homme que j'avais aperçu à Toulouse, saluant la foule dans sa voiture découverte.

« Papa, on va pouvoir retrouver Oncle Heinrich maintenant ? » C'est la première question que je pose après notre retour. « Oui, bientôt. »

* * * * *

Je commençais l'école dans le village. Jeannette me manquait beaucoup. Je n'avais personne pour me raccompagner à la maison. Evelyne et Raymonde allaient à l'école à Saint-Juéry. J'étais vraiment seule et tout ce changement me faisait peur. Le pire était d'avoir à faire face à des enfants que je ne connaissais pas. Il était même trop dangereux pour Maman de m'accompagner.

À cette époque, l'école primaire à Arthès était contenue dans une seule et même salle. Il y avait des rangées de pupitres en bois et des bancs où l'on s'asseyait pour étudier et faire les devoirs. Devant la classe sur une estrade, il y avait le bureau de la maîtresse ; au centre un grand poêle nous chauffait en hiver. Il était impossible de passer inaperçu dans cette salle. Si on oubliait ses livres ou si les leçons n'étaient pas apprises, l'école entière le savait.

Comme tous les enfants du village, je n'avais rien à me mettre. Maman passait des heures à défaire ses paletots pour me tricoter des robes. Elle confectionnait des vêtements avec de vieux draps ou des bouts de tissus qu'elle trouvait au village. « C'est difficile de croire que j'en suis arrivée là », l'entendais-je dire à Papa, pendant qu'elle cousait un ourlet sur une de mes robes. « En Allemagne, nous avions des rouleaux entiers de magnifique tissu qui s'empilaient jusqu'au plafond. »

Papa ne répondait pas. Il gardait sa tristesse et sa colère enfouies dans son for intérieur. Il regardait Maman, puis tournait la tête. Je me souviens des dames du tabac qui me faisaient des compliments sur mes vêtements. « Ta maman est une merveilleuse couturière », me disaient-elles. « Ce n'est pas une couturière parce qu'elle n'est pas payée ! », leur répondais-je.

Papa a pu trouver du travail dans l'aciérie qui se trouvait entre les deux villages, en bordure de Saint-Juéry. Avant de traverser le pont, on passait un panneau où l'on pouvait lire : SAUTS DU TARN. Papa faisait partie de l'équipe de six heures du matin. Il terminait son travail à deux heures et demie de l'après-midi, et d'habitude il était à la maison quand je rentrais de l'école. Il me faisait oublier ma solitude dès qu'il commençait à me raconter des histoires sur le Maroc.

Nous avions des cartes de rationnement pour la nourriture. Maman et moi faisions la queue pour acheter diverses denrées. J'avais l'impression qu'on mangeait toujours la même chose. Avant la guerre, mes parents observaient les traditions casher, mais c'était maintenant impossible dans ces circonstances. En 1942, on était content de trouver de la viande. On pouvait se procurer du veau au marché noir. Les poumons et le cœur n'étaient pas rationnés mais immangeables.

Un après-midi, Oncle Oscar est venu frapper à la porte de notre appartement. Il avait des nouvelles pour Papa. Une fois tout le monde assis autour de la table, Oncle Oscar leur dit qu'un pasteur protestant se rendait fréquemment à la Croix-Rouge de Toulouse. Il était membre d'un organisme qui aidait les familles juives cachées. Il était d'accord pour accompagner Papa à Toulouse ; il se ferait passer pour son oncle. Son prochain voyage aurait lieu dans quelques semaines et Papa pourrait l'accompagner. Ils partiraient très tôt le matin et Papa ne devait surtout pas oublier sa fausse carte d'identité.

La fausse carte d'identité de Papa, avec le nom français, Bernard Caper, pour cacher son identité allemande-juive.

Le visage de Papa s'éclaira. Il était ravi de ce plan. Oncle Oscar lui fit cependant remarquer que cela pouvait être extrêmement dangereux. « Qu'est-ce qui ne l'est pas en ce moment ? » lui répondit Papa, en souriant.

Oncle Oscar emmena Papa chez le pasteur le lendemain soir, pour organiser les derniers préparatifs. Ensuite, il suffirait d'attendre le jour du départ pour Toulouse. Malheureusement, plus Papa pensait au voyage qu'il allait entreprendre, plus son humeur s'assombrissait. Il craignait que les nouvelles qui l'attendaient soient loin d'être encourageantes.

PARTIE DEUX : EN CACHETTE

Septembre 1942 à août 1944

Il est tellement mystérieux, le pays des larmes.
— Antoine de Saint Exupéry

Chapitre 5 : L'arrestation

Je n'ai pas vu Papa depuis deux jours. Il est à Toulouse à la recherche d'Oncle Heinrich et de Tante Sophie. Avant son départ, Maman était angoissée et essayait de le persuader d'abandonner sa recherche. Quant à Papa, il était très nerveux, se demandant quand il recevrait le signal pour partir à Toulouse.

J'imagine toutes sortes de choses. Je me mets à rêver que je vois Papa arriver avec Oncle Heinrich, Tante Sophie et Jeannette. Je cours vers eux et je me réfugie dans les bras d'Oncle Heinrich. Je l'entends rire et je sens cette odeur de pin monter de ses vêtements. Puis Jeannette me prend dans ses bras et me serre très fort. Mais mon rêve ne va jamais au-delà. Seul existe ce moment fugace de bonheur qui semble hors de ma portée.

Papa est là, à la porte. Il est seul. J'ai envie de lui demander s'ils vont bien, si Jeannette est hors de danger, si elle a demandé de mes nouvelles. Alors qu'il essaie de parler, je vois tout ce qui s'est passé comme si j'y étais. J'ai peur comme lorsque j'étais à Toulouse.

*   *   *   *   *

Papa et le pasteur descendent du train à Toulouse. Papa s'attend à voir une ville vidée de sa population, une ville aux immeubles, maisons et magasins déserts. En réalité, il trouve Toulouse relativement inchangée ; il a même l'impression qu'il y a plus de gens. Mais il y a aussi plus de famine, plus d'isolement et plus de peur. Il se rend compte du nombre d'enfants errants dans les rues à la recherche de leurs parents ou d'un endroit sûr où se réfugier.

Du Centre de la Croix-Rouge, Papa et le pasteur empruntent une petite allée derrière un bloc de maisons. Une fois arrivés tous les deux devant le grand immeuble délabré, Papa s'avance et frappe à la porte qui s'ouvre presque instantanément. Il parle à une vieille dame qui lui indique l'escalier. Le pasteur lui promet d'attendre à l'intérieur et Papa monte en se dépêchant vers le premier étage.

De nouveau, il frappe à une porte. Après plusieurs minutes, il s'éloigne, pensant que Tante Sophie n'est pas là — mais la porte s'ouvre. Jeannette laisse entrer Papa. Ils s'embrassent et échangent quelques mots en se saluant, mais rien de plus. Pour Papa, c'est comme s'ils s'étaient vus la nuit précédente, comme si toutes ces semaines d'agonie n'avaient pas existé. Il suit Jeannette vers un couloir étroit qui sert de cuisine. C'est là qu'il voit Tante Sophie debout de dos, en train de regarder par la fenêtre. Son regard erre dans le vide. Dès qu'elle se tourne et le voit, elle se met à pleurer, laissant échapper un cri. Elle couvre sa bouche pour l'étouffer, alors que les larmes coulent sur son visage. Papa va vers elle et l'embrasse sur chaque joue.

« Oh, Benno — , dit-elle.

— Comment va Heinrich ?

— Benno, il n'est pas là.

— Raconte-moi. »

Ils s'asseyent dans la cuisine et c'est comme si j'étais là aussi à les écouter raconter ce qui est arrivé. Tante Sophie s'essuie les yeux avec son tablier et commence à parler.

Ça s'est passé la nuit où nous avons quitté Toulouse.

Ils sont au milieu du dîner du shabbat. Malcolm, l'ami de Jeannette, est venu ; il raconte comment lui et quelques amis d'école ont saboté ce qu'ils pensent être un wagon nazi de marchandises qui passait par Toulouse. Même les instituteurs de l'école n'ont pas su ce que l'ami de Jeannette avait fait. Tante Sophie a du mal à croire que le garçon et ses amis sont assez intelligents et courageux pour faire une telle chose ou même qu'un wagon nazi de marchandises ait traversé la ville, mais elle s'abstient d'exprimer ses doutes. Malcolm ne cherche en réalité qu'à impressionner Jeannette. Il y a beaucoup de garçons juifs dans la région qui parlent de former un groupe clandestin. Jeannette, qui sourit tout le temps, est très fière de son ami.

Ils viennent de finir le dîner lorsqu'on frappe à la porte. Il n'y a pas de danger, car c'est le signal secret. Jeannette se dirige vers la porte. Là se tient un homme aux cheveux noirs. Il est à bout de souffle.

« J'ai été envoyé pour vous prévenir, dit l'homme. À tout moment, il va y avoir une rafle. Votre frère, Monsieur Kapp, a déjà été prévenu et c'est lui qui m'envoie. Lui et sa famille ont déjà quitté l'appartement. Un train va partir pour Albi ce soir. Si vous vous depêchez, vous pouvez l'attraper. »

Oncle Heinrich n'a jamais vu cet homme auparavant et ne sait pas s'il doit le croire. Tante Sophie mentionne que c'est l'homme qui a aidé Lissy et Ruth, mais Oncle Heinrich semble à peine l'écouter. Il n'a pas le temps de poser des questions. L'homme a déjà disparu. Oncle Heinrich et l'ami de Jeannette se lèvent. Que doivent-ils faire ? « Il est trop tard pour le train, dit Tante Sophie. On doit se cacher.

— Mais si nous nous dépêchons, insiste Jeannette, peut-être que nous pourrons retrouver Tante Lissy et Oncle Benno à la gare.

— Non, il vaut mieux se cacher, murmure Oncle Heinrich.

— On ne peut pas descendre, dit Malcolm. La police pourrait être déjà dans la rue. Nous devrions emprunter l'entrée de l'immeuble et nous cacher dans un des débarras vides.

— C'est de la folie, crie Jeannette. Ne crois-tu pas qu'ils vont regarder dedans ? »

Mais il est trop tard. Déjà on entend le crissement des camions qui s'arrêtent dans la rue. Tante Sophie est pétrifiée de peur. Les portes du camion se ferment en claquant et le bruit des bottes claque sur le pavé.

« Police française ! Ouvrez ! »

Ils sont à la recherche d'hommes juifs, membres d'un certain groupe que Tante Sophie ne connaît pas. Tout homme trouvé dans l'immeuble sera arrêté. En bas, quelqu'un a dû verrouiller la porte de l'intérieur, car on entend la police s'acharner à la casser.

« Par la fenêtre, chuchote Oncle Heinrich. On va grimper sur le toit et se cacher.

— Non, dit Tante Sophie. Tu pourrais tomber ! C'est trop haut ! »

En un rien de temps, Malcolm est à la fenêtre, ses jambes disparaissent ; seules ses chaussures sont visibles et puis plus rien. Il est déjà sur le toit. Il est très rapide et on le sent habitué à ce genre de choses. Juste au moment où la police casse la porte d'entrée en bas des escaliers, Oncle Heinrich est à la fenêtre ; il se tient sur le rebord et une paire de mains l'aide à grimper sur le toit. Heureusement que la fenêtre ne donne pas sur la rue, car ils auraient été repérés par la police postée devant la porte.

Tante Sophie et Jeannette se précipitent vers la table, éteignent les bougies et les cachent. Les portes des autres appartements s'ouvrent et se referment en claquant. On entend les cris des femmes qui pleurent pendant qu'on embarque leurs maris dans des camions. Jeannette se dépêche de débarrasser les trois assiettes et les bols ; elle les cache dans un placard et enlève deux chaises de la table. Tante Sophie cache les verres et les couverts.

La police frappe violemment à la porte. « Police ! Ouvrez immédiatement », entend-on crier.

Tante Sophie regarde rapidement autour de la pièce. Reste-t-il des traces des hommes qui étaient là quelques instants auparavant ? Elle respire fort ; son cœur bat à tout rompre, et elle a peur qu'ils ne remarquent combien elle est effrayée. Elle fait signe à Jeannette d'ouvrir la porte.

Ils sont trois : deux policiers et un Français habillé en civil. Ce doit être l'un des informateurs. Les policiers portent de larges ceintures noires. Ils entrent dans la pièce et regardent partout à la recherche de l'homme de la maison.

« Où est votre mari, madame ? » dit l'homme en civil.

Tante Sophie hausse les épaules. « Il a été pris il y a deux semaines et je suis sans nouvelles de lui depuis.

— Deux semaines ? Les hommes se regardent.

— C'est un mensonge, dit l'un des policiers. Il n'y a pas eu de rafle dans ce quartier il y a deux semaines.

— Il a été pris à son travail, répond Jeannette.

— Où sont vos papiers ? »

Tante Sophie se dirige lentement vers l'armoire. Elle ouvre la porte et tire un paquet de lettres. Parmi celles-ci se trouvent ses papiers et ceux de Jeannette. En se tournant pour les donner à l'homme, elle remarque le revolver dans l'étui accroché à la ceinture d'un des policiers. L'autre porte un bâton.

« Ah, Alsace ? demande l'homme.

— Oui. Nous sommes d'Alsace. »

L'un des hommes fouille la pièce. Il vérifie le placard, l'alcôve, jette un coup d'œil sous le lit. L'autre homme se penche à la fenêtre mais ne voit rien. Il ouvre l'armoire où sont alignés plusieurs livres sur l'une des étagères ; parmi eux se trouve un exemplaire d'un livre d'Oncle Heinrich, *Le Petit Chaperon rouge*. Caché derrière se trouve le recueil de lettres d'Oncle Heinrich à la famille Kapp qui se trouve toujours en Allemagne. Tante Sophie retient son souffle pendant que le policier lit tous les titres des livres rangés sur les étagères. Elle sait que s'ils trouvent le recueil d'Oncle Heinrich, la police saura tout. Il y a des informations sur Oncle Oscar et Tante Hanna, sur Maman et Papa, et sur moi.

La police pourrait reconstituer nos parcours et à la fin nous serions démasqués. Mais l'homme referme bientôt la porte de l'armoire.

« Bonsoir madame, dit l'informateur. Passez une bonne soirée. »

Ils s'en vont et redescendent l'escalier. Jeannette court à la fenêtre et regarde dehors. Elle aperçoit les camions en bas. Ils sont remplis d'hommes de l'immeuble et du quartier.

Son regard rencontre celui de l'un d'entre eux juste avant que les portes du camion ne se referment en claquant. Elle le reconnaît. Elle l'a vu parfois discuter avec son ami. Elle se demande si Malcolm peut le voir de là où il est caché sur le toit. Que faisait-il dans l'immeuble ? Est-ce que la police va le torturer ? Va-t-il tous les dénoncer ?

Les camions démarrent et remontent la rue. Tante Sophie et Jeannette sont incapables de bouger. Elles restent très longtemps assises autour de la table sans rien dire jusqu'à ce qu'il fasse complètement nuit. C'est à ce moment-là qu'elles entendent des bruits de pas au-dessus de leurs têtes sur le toit. Quelques minutes après, Oncle Heinrich et l'ami de Jeannette sont à nouveau dans la pièce. Jeannette rit. Ils ont déjoué la police. Elle et Malcolm s'embrassent. Tante Sophie est en larmes. Oncle Heinrich lui dit qu'il faut très vite envisager la suite ; ils doivent réfléchir. Ils ne sont pas encore totalement hors de danger. Il marche de long en large. Il veut savoir ce qu'a dit la police, les questions qu'ils ont posées. Bientôt, l'ami de Jeannette doit partir. Elle est inquiète, mais il lui dit que tout ira bien. Elle descend avec lui. Quand elle revient dans la pièce, ses parents sont en train de faire des plans. Tante Sophie lui annonce qu'ils partiront très tôt demain matin.

Jeannette ne répond pas. Elle sait maintenant qu'elle ne reverra jamais plus son ami. Oncle Heinrich dit : « Benno et Lissy sont probablement montés sains et saufs dans le train. Ils ont dû aller à Albi. Le frère de Lissy s'y trouve. Au matin, nous irons à la gare et attendrons le prochain train.

— Heinrich, murmure Tante Sophie, crois-tu que nous soyons en sécurité ici ce soir ?

— Je le pense. Pourquoi reviendraient-ils dans un immeuble où il y a déjà eu une grande rafle ? D'après eux, ils ont arrêté tous les hommes juifs ce soir.

— Que va-t-il leur arriver ?

— D'abord ils seront emmenés au Bureau de police et interrogés. Après…

— Le camp de détention, ajoute Jeannette. Elle connaît la procédure aussi bien qu'Oncle Heinrich.

— Après, continue Oncle Heinrich, je ne sais pas. Personne ne sait. »

Cette nuit-là, personne ne peut dormir.

Dans quelques heures, ils partiront. Oncle Heinrich veut que tout le monde soit prêt avant le lever du jour. Tante Sophie a les yeux grands ouverts. Chacun des bruits de la rue pourrait être la police. Elle aimerait bien qu'Oncle Heinrich lui dise : « Partons maintenant. Pourquoi attendre jusqu'au matin ? », mais elle se doute qu'Oncle Heinrich est plongé dans ses pensées. Elle sait aussi qu'il n'y a pas de trains qui partent au milieu de la nuit. Alors elle attend, et les heures semblent interminables, et il fait chaud dans cette pièce sombre et calme. Elle écoute la respiration rythmée de son mari.

Au matin, juste avant l'aube, tout le monde est réveillé. Jeannette s'habille. Ils emballent leurs quelques affaires dans un simple sac. Tante Sophie est déjà prête, car elle est levée depuis une heure. Oncle Heinrich est en train de se raser au lavabo. Avant qu'il n'ait le temps d'essuyer le savon de son visage, on frappe à la porte. Tout le monde s'arrête et se fige. Oncle Heinrich et Tante Sophie se regardent. C'est fini !

On frappe violemment et les mots que chacun redoute retentissent à nouveau.

« Ouvrez ! Police française ! »

Oncle Heinrich ouvre lui-même la porte, s'épongeant le visage avec sa serviette. Son visage se crispe, les plis de son front sont plus creux que d'habitude. En quelques secondes, les policiers ont envahi l'appartement, fouillant tous les recoins. Ce sont les mêmes hommes que la veille au soir. L'homme en civil sourit. Il a l'air d'avoir dormi dans ses vêtements.

« Et bien, Monsieur Kapp, dit-il, est ce que vous avez passé une bonne soirée ?

— Que lui voulez-vous ? s'écrie Tante Sophie. Il n'a rien fait ! » Mais ses mots résonnent dans le vide.

« Nous allons vous emmener au poste, Monsieur Kapp. Nous devons vous poser quelques questions.

— Mais il n'a même pas fini de se raser, plaide Tante Sophie. Il a besoin de rassembler quelques affaires. Donnez-lui quelques heures au moins —

— Amenez juste vos affaires de toilette, dit l'un des policiers. Vous ne serez absent que quelques heures. »

Tante Sophie commence à pleurer, s'accrochant au bras d'Oncle Heinrich. Elle ne les croit pas.

Oncle Heinrich essuie le savon de son visage. Jeannette court vers lui et l'embrasse, les larmes aux yeux. Puis elle s'accroche à lui et se met à sangloter. « Papa ! » crie-t-elle comme s'il pouvait faire quelque chose. Oncle Heinrich et Tante Sophie s'étreignent. Tandis qu'elle embrasse son époux, elle lui chuchote quelque chose que personne n'entend.

« Allons, dit le policier. Avancez. »

Alors qu'ils se dirigent vers la porte, Jeannette se rue sur l'un des policiers, mais elle reçoit un coup qui la repousse dans la pièce. « Tu veux venir avec nous ? » demande l'informateur.

Ils descendent l'escalier sombre. Oncle Heinrich est entouré de deux policiers. Il n'a aucune chance de s'échapper, aucun moyen de fuir.

Tante Sophie et Jeannette se précipitent à la fenêtre. Toutes les deux sanglotent. Elles voient Oncle Heinrich qu'on emmène vers le camion. Il n'est pas seul ; d'autres hommes ont déjà été arrêtés comme lui aux premières lueurs du matin.

Il regarde en direction de la fenêtre pour la dernière fois, mais il ne peut pas leur faire de signes. Ses mains sont menottées dans son dos comme un criminel.

Elles le suivent par la pensée au bout des rues désertes menant au Bureau de police. Que se disent les hommes à l'arrière du camion ? Ou bien restent-ils silencieux, songeant qu'ils étaient libres et en sécurité entourés de leur famille quelques minutes auparavant ?

Alors que Tante Sophie finit de raconter l'histoire à Papa, Jeannette sort le pain qu'elle a acheté. « Nous ne l'avons pas vu depuis ce matin-là, lui dit-elle. Que vont-ils lui faire ? »

Papa ne répond pas ; les larmes lui montent aux yeux. Il se souvient du jour où il avait été voir Oncle Heinrich après le travail ; il avait partagé une bouteille de vin avec lui ; le soir même, nous étions obligés de nous enfuir de Toulouse. Il se souvient de Jeannette qui était venue leur montrer sa nouvelle jupe. Pendant ce bref moment, il a l'impression qu'il s'agit d'une autre époque, d'une époque sans danger.

Tante Sophie est effondrée sur sa chaise. « Il s'est battu dans la Légion étrangère, soupire-t-elle. N'ont-ils aucun respect pour ça ?

— C'est vrai, dit Papa. Il n'aurait pas dû être arrêté. Je vais faire mon possible pour savoir ce qu'ils lui ont fait. Je connais quelqu'un qui pourra se renseigner pour moi. Si Heinrich est toujours en France, il sera dans un camp. Peut-être qu'il y a eu une erreur et qu'ils n'étaient pas au courant de son identité et du fait qu'il s'est battu dans la Légion. » Mais Papa ne peut pas continuer. Ces paroles ne servent qu'à rassurer Tante Sophie ; lui-même n'y croit pas.

« En attendant, reprend-il, pourquoi ne viendrais-tu pas à Albi avec moi ? Il y a assez de place et ça serait beaucoup plus sûr pour toi et Jeannette. On pourrait prendre le train ensemble.

— Non, Tante Sophie, inflexible, secoue la tête. Ils ont déjà arrêté Heinrich. Quel est l'intérêt de se cacher maintenant ? En plus, s'il est toujours vivant et qu'il arrive à s'échapper ou qu'il est relâché, comment nous retrouvera-t-il ? C'est plus facile si nous restons ici. »

Papa fait un signe de la tête. Il sort un morceau de papier et un crayon de sa poche. Il hésite avant d'écrire le nom de notre rue à Arthès. Il sait à quel point il est dangereux d'échanger ce genre d'information, même avec un membre de sa propre famille. « Au cas où tu changerais d'avis, lui dit-il, voilà l'adresse.

— Benno, s'écrie Tante Sophie comme sortie soudain de son chagrin. Es-tu fou ? N'as-tu aucune idée à quel point ce peut être dangereux ? Si la police trouve un jour ce papier... Tu n'aurais jamais dû venir ici. Tu as bravé ton destin en quittant Arthès. » Elle déchire le papier en petits morceaux et les jette dans l'évier.

Papa se retourne. Il marmonne quelques mots presque inaudibles : « Tu ne crois pas qu'il nous est difficile d'être séparés de vous ? De nous demander pendant des semaines si vous êtes vivants ou morts ? Je tenais à venir. Ce serait plus facile si tu venais avec moi au village. Jeannette pourrait aller à l'école là-bas avec Ruth. Ça serait plus sûr que de rester ici.

— Je ne peux pas, répond Tante Sophie. »

Il laisse de l'argent sur la table. « Garde ça pour ta mère, dit-il à Jeannette. Je reviendrai le plus vite possible pour voir comment vous vous en sortez. »

Papa reste à Toulouse avec le pasteur jusqu'au lendemain matin avant de retourner au Centre de la Croix-Rouge et de rentrer à Albi. Avant de partir, il rend une courte visite à Tante Sophie. Il a peur de ne plus la revoir. Il la quitte en l'embrassant et se tourne vers Jeannette qu'il serre fort dans ses bras. Elles le suivent jusqu'à la porte.

« Essaie de convaincre ta mère de nous rejoindre à Arthès, dit-il à Jeannette. Tu dois penser à sa sécurité et à la tienne. Au moins nous serions tous ensemble. Je vais voir ce que je peux faire pour ton père. Je suis désolé, ma chérie. Prenez soin de vous. »

Ils s'embrassent à nouveau. Papa redescend l'escalier, puis suit le prêtre à travers les rues de la ville en direction de la gare.

Il faut du temps à Papa pour nous raconter toute l'histoire. Lorsqu'il a fini, personne ne parle. Il a les larmes aux yeux ; son frère a été arrêté et nous ne savons pas comment le réconforter. Malgré ce qu'il a dit à Jeannette, il sait qu'il ne peut pas faire grand-chose pour Oncle Heinrich. « J'ai toujours pensé que si nous devancions les Allemands, nous serions plus en sécurité, dit Papa. Mais les Français nous recherchent aussi. Comment pouvons-nous combattre deux ennemis dans le même pays et survivre ? »

J'ai envie de demander si Oncle Heinrich va mourir. Le tueront-ils ? Mais je n'ose pas prononcer ces mots. Papa me prend sur ses genoux et me tient serrée contre lui. Je me souviens quand Oncle Heinrich en faisait autant pour me lire des histoires et moi, je tournais les pages. Me fera-t-il un jour à nouveau la lecture ?

« Quoiqu'il arrive, dit Maman, nous ne devons pas penser au pire, Benno. Nous devons continuer à croire qu'il ira bien et nous aussi. Il faut y croire. » Elle se lève pour mettre la table.

Papa est silencieux. Il y a bien longtemps qu'il n'a plus de nouvelles de sa famille restée en Allemagne. Il se demande sans cesse ce qui leur est arrivé et désormais, il devra se poser les mêmes questions à propos de son frère. Lui aussi disparaîtra-t-il de nos vies pour toujours ?

Heinrich et Benno Kapp au Maroc, 1940

Plus tard cet après-midi-là, nous sommes allés à Saint-Juéry chercher de la nourriture. Nous nous sommes arrêtés chez Tante Hanna et Oncle Oscar pour leur rendre visite. Il y avait là-bas une autre famille que nous n'avions jamais rencontrée auparavant — Monsieur et Madame Kahn et leurs deux enfants, Emmy et Jean-Claude. Les Kahn sont alsaciens tout comme Oncle Heinrich et Tante Sophie, et ils avaient été envoyés comme des centaines d'autres Juifs alsaciens vers le Sud de la France sous les ordres des nazis.

J'ai joué derrière dans le petit jardin avec Raymonde et cette nouvelle petite fille Emmy, qui avait mon âge. Maintenant j'avais deux amies avec qui jouer. Emmy irait à l'école avec moi à Arthès. Nous aimions les mêmes jeux. Nous courions en cercle et nous nous laissions tomber par terre. La dernière qui tombait avait perdu. En général, Jean-Claude était disqualifié, car il refusait de s'arrêter de courir.

À un moment, Oncle Oscar est sorti pour nous regarder jouer. Il avait un appareil photo à la main. Ce n'était pas le sien, mais celui de Monsieur Kahn qui lui avait demandé de prendre quelques photos. Papa nous a rejoints dans le jardin et Oncle Oscar a pris plusieurs photos de nous tous. Puis Tante Hanna est venue ramasser quelques légumes pour notre dîner et Papa en a profité pour prendre Tante Hanna, Oncle Oscar et tous les enfants debout dans le jardin.

« Un jour, dit-elle, quand nous serons tous libres, nous regarderons ces photos et essaierons d'oublier ce qui se passait à ce moment-là. »

Il y eut beaucoup de choses à manger ce soir-là, parce que tout le monde avait contribué au repas. Nous nous sommes assis et Oncle Oscar a récité le motsi — la bénédiction sur le pain — à voix basse, avant le repas. Emmy et moi étions assises l'une à côté de l'autre. Tout le monde avait un air grave lorsque Papa a commencé à raconter le récit de son voyage à Toulouse. Le soleil s'était couché et les rues semblaient anormalement calmes. Lorsque Papa prononça le mot « arrêté », Monsieur Kahn baissa les yeux en acquiesçant. Lui aussi avait vu le camion rempli de Juifs.

« Au moins, dit Madame Kahn, c'est moins grave que d'avoir été attrapé par la Gestapo.

— Oh, je ne suis pas si sûr que cela fasse une grande différence », dit Oncle Oscar en désaccord avec elle.

Madame Kahn parlait à voix basse pour éviter que les enfants n'entendent la conversation. « Mais, continua-t-elle, si vous êtes attrapé, ils vous emmènent dans ces camps, et bien que ça ne soit pas agréable — »

Papa l'interrompit : « Vous êtes trop naïve de penser cela. Cela fait des années que les nazis ont ces camps de concentration — depuis très longtemps et bien avant la guerre. Nous ne pouvons même pas imaginer l'atrocité des conditions là-bas. Vous êtes traité comme un prisonnier de guerre ou pire. Les camps français ne sont pas mieux ! Je vous assure que ça n'a rien d'agréable ! »

Pendant un moment, personne ne dit plus rien. Papa était gêné d'avoir haussé le ton et Madame Kahn s'excusa de l'avoir contrarié. Tante Hanna nous entraîna vers la cuisine. Il y avait plein de petits gâteaux sur la table. Chacun a pu en manger un. Ils avaient un goût étrange : ils n'étaient pas sucrés. Tante Hanna nous expliqua qu'elle n'avait pas eu tous les ingrédients nécessaires à leur préparation.

Après avoir mangé notre dessert, ce fut l'heure de partir. En repartant à pied vers notre appartement, Papa était toujours de mauvaise humeur. Maman lui dit qu'elle aurait préféré qu'il ne se fâche pas ainsi devant cette nouvelle famille. Eux aussi avaient leurs problèmes.

« Mais ces gens-là sont incroyables, s'écria Papa. Ils se racontent des histoires ! Ils ne se rendent pas compte de ce qui va nous arriver si nous nous faisons attraper. Ils semblent incapables de regarder la réalité en face. »

En traversant le pont, Papa ne chercha pas à me dissimuler ce qu'il avait à dire. Bien que je sois encore une petite fille, c'était comme s'il voulait que je réalise à quel point nous étions en danger. Cette nuit-là, j'eus l'impression que la police se cachait derrière chaque arbre et bâtiment ou nous observait du haut des collines. Je me demandais pourquoi nous restions si les Français étaient si méchants. « Pourrions-nous aller ailleurs ? »

Ma question fit rire Maman. « On ne peut aller nulle part ailleurs, mon petit lapin, dit-elle. Presque tous les pays sont en guerre. »

Chapitre 6 : Le garde champêtre

Au cours du mois de novembre 1942, on demanda aux Fédou de cacher une radio dans l'appartement du haut. La radio était équipée pour la réception de messages de la BBC de Londres. Par intermittence, des messages codés étaient transmis aux combattants de la Résistance par les Forces françaises libres en Angleterre.

Un jour, il y eut un message bouleversant de Radio Paris contrôlée par les nazis. En raison de la récente occupation américano-britannique des côtes d'Afrique du Nord, les Allemands allaient rapidement traverser la ligne de démarcation pour atteindre la Zone libre, afin de prévenir un autre débarquement le long de la côte méditerranéenne. Le Maréchal Pétain lui-même protesta contre cette invasion, qui était une violation directe des termes de l'armistice. Nous étions désormais encore plus en danger. Bientôt les Allemands avanceraient sur Vichy et nous aurions à vivre dans la crainte d'être pourchassés, non seulement par la police française, mais aussi par les Allemands. Et la Gestapo suivrait probablement de près.

J'entendais Papa et Maman discuter de ce qu'il fallait faire. Chaque fois que je rentrais de l'école, ils semblaient parler du même sujet : « Devrions-nous partir à Marseille ? à Nice ? »

Papa décida finalement de ne partir nulle part. « Ce sont de grandes villes, dit-il à Maman. Même si les Italiens protègent les Juifs à Nice, les nazis en auront vent. Et puis, si les nazis vont dans la Zone libre, ils pourraient bien occuper les villes côtières également. Mais quel intérêt auraient-ils à installer un quartier général dans un petit village ? Ça serait un gâchis de main-d'œuvre. Et il y a des gens ici qui désirent nous protéger. Peut-être que les nazis laisseraient Saint-Juéry et Arthès aux mains de la police française ? Après tout, les Allemands ont une guerre à mener. »

Nous sommes donc restés là où nous étions. Mais d'autres problèmes nous attendaient, provenant du simple fait que nous nous cachions dans une petite ville. Les gens ont fini par savoir « qui était où » et ce qui se passait. Sans oublier ceux qui firent de la dénonciation des Juifs à la police française un commerce lucratif.

À Saint-Juéry et à Arthès, les nouvelles nous étaient rapportées par le garde champêtre. Il était français et vivait dans notre village. J'étais captivée par son uniforme bleu marine décoré d'un galon rouge et or, et par le képi qu'il portait sur la tête. Il ressemblait à l'un des petits soldats d'Oncle Heinrich. Le garde champêtre portait un tambour sur lequel il tapait exactement à la même heure chaque soir en arpentant les rues, annonçant d'une voix tonitruante des nouvelles de la guerre. On faisait peu cas de ses annonces. Nous savions qu'au mieux les nouvelles étaient déformées ; au pire, elles étaient falsifiées pour jeter la confusion au sein des membres de la Résistance qui s'intéressaient aux passages des camions de ravitaillement nazis qui commençaient à sillonner la campagne environnante.

Je savais à quoi ressemblait le garde champêtre. Je l'avais vu assez souvent. Un après-midi, alors que je revenais de l'école, je l'aperçus sans son uniforme, mais vêtu de simples vêtements civils, et je crus qu'il rentrait chez lui ou qu'il allait faire une course. Une fois arrivée à la maison, j'étais en train de raconter à Maman comment ma journée à l'école s'était passée lorsqu'on entendit frapper à la porte. Maman se raidit et me retint par la main pour ne pas faire de bruit. Elle savait que Papa n'avait pas prévu de rentrer avant une heure et que les Fédou étaient partis à Albi. Quand elle ouvrit la porte, je reconnus le garde champêtre.

« Que voulez- vous ? lui demanda Maman d'une voix sèche.

— Je crois que nous avons à parler affaires, madame », répondit-il.

Maman ne comprenait pas. Elle le laissa entrer et ferma la porte derrière lui.

« Que voulez vous ? » redemanda-t-elle.

Je m'approchai tout en restant derrière Maman ; je regardai le visage carré de l'homme. Ses cheveux étaient fins et grisonnants. Il parla à voix basse, de crainte d'être entendu.

« Madame, je réalise que vous êtes nouveaux dans le village, mais je pense que vous êtes maintenant au courant de la situation ici. Un homme de mon statut ne peut être sourd à certaines conversations. Je sais où se cachent les Juifs à Arthès et je sais que vous êtes juifs. À moins de me persuader du contraire, j'ai bien peur d'avoir à dénoncer votre mari à la police.

— Je n'ai plus de mari, rétorqua rapidement Maman. Il a été tué au Maroc. Il se battait dans la Légion.

— Vous mentez, madame, dit l'homme avec un sourire patient. Je l'ai vu partir pour l'usine ce matin. En fait je l'ai même suivi jusqu'aux Sauts du Tarn. »

Maman ouvrit grand les yeux. Je la tenais par la main. Je ne savais pas s'il fallait fuir pour avertir Papa de ne pas rentrer à la maison ou alors rester avec Maman au cas où quelque chose lui arriverait. Mais instinctivement, Maman sut comment agir avec l'homme. Elle alla vers l'armoire et tout en se tenant devant la porte, je la vis sortir le porte-monnaie de son sac.

« Combien voulez-vous ? demanda-t-elle.

— Tout. Tout ce qu'il y a dans votre porte-monnaie. »

Sans un mot, elle donna l'argent à l'homme. Il le compta et sourit.

— Bien. Cela devrait assurer la sécurité de votre mari pour le moment.

— Pour le moment ? Et pour combien de temps ? »

Debout devant la porte, l'homme se retourna et sourit.

« Comme je vous l'ai dit, madame : pour le moment, votre mari ne sera pas dénoncé. »

Lorsque Papa apprit cela l'après-midi, il se mit dans une colère noire. « Que quelqu'un ait en plus le culot de nous faire du chantage ! Nous avons à peine de quoi manger. Mais pourquoi devrais-je être surpris ? Ça va aller en empirant tant que la guerre durera.

— Crois-tu qu'il reviendra, Benno ? demanda Maman, hésitante.

— Bien sûr qu'il reviendra. C'est une bonne affaire pour lui. Les Juifs de ce village sont à sa merci. On ne peut rien faire d'autre que de le payer afin qu'il se taise. Heureusement qu'il n'a pas pris l'argent que tu gardes dans la boîte.

— Mais Benno, protesta Maman, comment pourrons-nous le payer ? Nous avons besoin de cet argent.

— Tu préfères être arrêtée ?

— Bien sûr que non. Mais nous pourrions partir après tout. Nous pourrions aller dans les montagnes pour nous cacher pendant quelque temps. Et il pensera que nous avons quitté Arthès pour toujours. »

Papa fit non de la tête. Il était en colère et fatigué de se déplacer. Maintenant que les nazis envahissaient toute la zone de Vichy, il n'y avait plus un seul endroit sûr. Avec la responsabilité d'une jeune enfant, il continuait de croire qu'un petit village était préférable aux montagnes ou à une grande ville.

Mes parents ne pouvaient rien faire d'autre que de payer le garde champêtre quand il le demandait. Oncle Oscar et Joseph Kahn furent bientôt dans la même situation. Eux aussi furent obligés de payer l'homme pour pouvoir rester au village avec leurs familles. « Il vaut mieux faire taire un délateur que d'être attrapé dans une rafle », disaient-ils. Et les rafles se faisaient de plus en plus nombreuses dans la région.

Papa payait le garde champêtre avec l'argent qu'il gagnait à l'usine, ce qui laissait très peu à mes parents pour survivre. Comme le garde champêtre devenait de plus en plus gourmand, Maman fut obligée de vendre quelques objets qui avaient une grande valeur sentimentale pour elle et qu'elle avait réussi à conserver jusqu'à présent. Elle était terrifiée à l'idée de ne plus avoir d'argent et que Papa soit dénoncé.

Alors que l'hiver arrivait, je continuais d'aller à l'école communale, mais tous les après-midi, je devais rentrer directement à la maison après l'école. Je n'avais pas le droit de rester jouer dans la cour de récréation avec les autres enfants. On venait chercher les enfants des fermes qui venaient à Arthès, mais ceux qui vivaient dans le village rentraient chez eux à pied. Maman s'arrangeait toujours pour être à la maison lorsque je rentrais de l'école. Avec l'arrivée des nazis, elle s'attendait à ce que les femmes et les enfants soient encore plus en danger qu'auparavant.

Certains matins, mes parents me gardaient à la maison et Papa n'allait pas à l'usine. Nous étions toujours sur le qui-vive nous demandant si les Allemands allaient débarquer dans notre petit village isolé. Le chef d'atelier des Sauts du Tarn prévenait les ouvriers juifs qui travaillaient pour lui quand il suspectait une rafle ou une inspection imminente à l'usine. Ces jours-là, nous restions tous à la maison, et Madame Sachs, qui habitait le village, venait m'aider à faire mes devoirs. Elle aussi s'était réfugiée à Arthès. En remerciement pour ses cours privés, Maman lui donnait de la nourriture ou l'invitait à déjeuner avec nous.

À cinq ans, mes devoirs m'ennuyaient et j'avais très peu de temps pour jouer. Je me tortillais sur ma chaise pendant que Madame Sachs passait mes fautes en revue. Je voulais jouer dehors avec mes camarades ; mais eux aussi étaient confinés chez eux, en train de faire leurs devoirs. Au moins, à l'école, nous avions des pauses récréations pendant lesquelles nous sortions dans la cour, mais lorsque j'étais à la maison, Maman me gardait toujours à l'intérieur. Je ne pouvais jamais jouer dans la rue. Dès que Madame Sachs partait, Maman trouvait à m'occuper de mille manières, essayant de me faire oublier que je ne pouvais pas sortir.

Un après-midi, alors que Maman ne faisait pas attention et que Papa n'était pas encore rentré, je m'éclipsais de l'appartement pour aller jouer dans la rue. J'avais l'habitude de m'amuser seule, mais j'en avais assez d'être à l'intérieur. J'avais pris ma poupée et quelques morceaux de pain, ce qui me paraissait suffisant pour survivre tout un après-midi dehors, sans Maman. Je ne voulais pas qu'elle le sache, car je savais que, si elle me trouvait, je serais punie et je n'aurais plus jamais le droit de sortir seule.

C'était un après-midi de tempête. Le ciel était plus gris que bleu et mes oreilles étaient rougies par le vent. Je me souviens des branches d'arbres qui se pliaient sous les rafales. On aurait dit qu'elles me parlaient et disaient : « Dépêche-toi, petite, par ici. » Je m'éloignais de plus en plus de l'appartement, ce que Maman m'avait formellement interdit. Elle m'avait prévenue à plusieurs reprises de ne pas quitter notre rue sans l'en avertir.

Je grimpais la côte au coin de la rue. Au loin, on pouvait voir les collines s'élever derrière les toits de briques rouges des maisons d'Arthès. J'avais envie d'être sur ces collines et de tout contempler de là-haut.

En marchant, je fredonnais et rêvais d'histoires concernant les Allemands et la police française. Peut-être finiraient-ils par se battre entre eux et oublier les Juifs ?

J'étais à environ deux rues de notre immeuble lorsque je remarquai une porte étroite légèrement entr'ouverte. Je m'arrêtai devant cette porte et vis une femme par la fenêtre, en train de pétrir de la pâte. Ça sentait le pain qui cuit au four. De l'air chaud sortait de la cuisine, se mêlant à la fraîcheur de cet après-midi. Sur le rebord de la fenêtre, il y avait un bol en bois rempli de pommes de terre et des pommes sur la table. J'avais envie d'en manger une. L'année dernière, j'avais vu Maman les faire sécher sur un fil. Nous en avions mangées tout l'hiver. Peut-être que si je restais un moment à la fenêtre, la dame finirait par me remarquer.

« Bonjour mademoiselle, finit-elle par me dire. Il fait si chaud quand je fais du pain que je ne ferme pas la porte, et le vent vient de l'ouvrir toute grande, dit-elle en souriant. Tu veux rentrer ? » C'était une petite femme au visage aimable, mais ses cheveux gris ramassés en chignon lui donnaient un air sévère. Elle avait une voix douce.

Je m'approchai du seuil. « Bonjour madame. » Je ne savais pas quoi dire. Soudain je me souvins du conte d'Hansel et Gretel que m'avait raconté une fois Oncle Heinrich. Je me rappelai ce qui était arrivé à ces enfants ; ça m'avait fait très peur. Mais Jeannette s'était moquée de moi.

Aussi je décidai d'être courageuse. Et si je demandais à la dame de me donner une pomme de terre ou une pomme ?

« Comment t'appelles-tu ?

— Je m'appelle Renée.

— Quel âge as-tu ?

— Cinq ans », répondis-je. La femme sourit tout en continuant à pétrir sa pâte, d'abord en un gros « pâton » [expression familière : grande boule de pâte], puis ensuite en de longs morceaux.

« J'ai faim, madame », finissais-je par lui avouer, tenant mon estomac pour lui prouver à quel point j'étais affamée.

La femme me regarda et se mit à rire. Elle s'approcha du seuil et me demanda ce que j'avais envie de manger. Je lui montrai les pommes du doigt.

« Ouvre ton tablier », me dit-elle. Elle rassembla plusieurs pommes de terre, deux ou trois pommes, et quelques noix, qu'elle mit dans mon tablier. Puis elle rompit une miche de pain en deux et m'en donna une moitié. Elle me rappela que je devais marcher lentement en redescendant la rue, afin de ne pas renverser mon précieux fardeau. Il y avait d'autres choses à manger sur les étagères, que je n'étais pas sûre de reconnaître. Mon tablier était bien rempli, mais je savais que quelque chose manquait.

« Et mon père aime le vin, avouai-je spontanément.

— Ah oui », dit la femme. Elle quitta la cuisine et revint un moment plus tard avec une bouteille de vin à la main.

Je pensais qu'elle devait être une reine ou quelqu'un de très riche pour avoir autant de nourriture. Je n'avais pas réalisé qu'elle m'avait donné presque toute la nourriture qu'elle devait servir à son mari pour le dîner ce soir-là.

« Merci beaucoup, madame, dis-je. Puis, je brandis ma poupée. Voilà ma petite amie, Jeanine. Elle est pour vous. »

La femme rit à nouveau. Il était clair que je ne pouvais pas aussi porter ma poupée avec la bouteille de vin et toute cette nourriture dans mon tablier, mais elle refusa de m'en priver.

« Ah non, mademoiselle, protesta-t-elle gentiment. Elle posa la poupée dans mon tablier, en couvrant toute la nourriture. Maintenant personne ne saura ce que tu portes. Dépêche-toi et ne renverse rien. »

Je la remerciai à nouveau, puis me remis en route vers la maison. Nous avions assez à manger pour toute une semaine. Maman serait si fière de moi et Papa serait si content maintenant qu'il avait du vin. Je marchai très lentement afin de ne rien faire tomber de mes précieuses provisions. Alors que je redescendais la rue, Maman m'aperçut. Elle se tenait debout en bas de la pente. Je voulais courir vers elle, la bouteille de vin à la main et lui crier :« Regarde, Maman ! », mais je me souvenais de ce qu'avait dit la dame. Personne ne devait voir ce que je transportais dans mon tablier jusqu'à ce que j'atteigne la maison.

J'arrivai devant la porte. Maman avait l'air très en colère : « Où étais-tu, Renée ? Pourquoi n'es-tu pas venue lorsque je t'ai appelée ? »

J'avalai ma salive. « Je suis allée chercher à manger pour nous, Maman.

— Quoi ? »

Je commençais à lui expliquer tout en montant l'escalier qui menait à notre appartement. Papa était là, le visage inquiet. J'ouvris mon tablier et Maman souleva ma poupée. Elle avait l'air horrifiée.

« Oh, non ! Regarde, Benno ! »

Papa ne savait que dire. Il mit la bouteille sur la table et sortit la nourriture de mon tablier.

« Où as-tu pris ça, Renée ? demanda Maman

— Chez la dame en haut de la rue. Elle habite près d'ici. Elle est très gentille et m'a donné tout ça.

— Elle te l'a donné ? Es-tu sûre de ne pas avoir pris cette nourriture, Renée ?

— Oui, j'en suis sûre, Maman. Je lui ai dit que j'avais faim et elle a ouvert mon tablier et a mis tout ça dedans.

— Comment s'appelle-t-elle ?

— Je ne sais pas, Maman. »

Maman regarda Papa et dit : « On doit tout lui rendre. »

Papa acquiesça.

Je me mis à pleurer. « Mais c'est elle qui me l'a donné. C'était un cadeau. Elle m'a dit de le ramener à la maison et que personne ne me le prenne. » Je saisis une pomme, mais Maman m'empêcha de la manger. Elle ne croyait pas à mon histoire.

Elle avait déjà mis toute la nourriture dans le panier qu'elle utilisait quand elle allait au marché.

« Viens avec moi, Renée, dit elle en prenant fermement ma main dans sa sienne. Nous allons rendre toute cette nourriture à cette dame. Je veux que tu me montres où elle habite. »

Maman et moi descendîmes l'escalier en silence. Je lui montrai du doigt la direction que nous devions prendre. Au coin de la rue, nous tournâmes à droite.

« Où est-ce ? » me demanda-t-elle.

Je lui montrai la deuxième rue sur la droite.

Bientôt nous étions dans la rue où habitait la dame. Je reconnus la fenêtre, mais elle était fermée ainsi que la porte.

« C'est ici ?

— Oui, Maman. »

Elle frappa à la porte. Quelques instants plus tard, des bruits de pas se firent entendre et la porte s'ouvrit. C'était la dame.

« Ah, dit-elle. Bonjour Renée. »

Maman lui tendit le panier de nourriture. « J'ai bien peur que ma fille ne vous ait pris tout ceci cet après-midi, madame. Je suis désolée ; veuillez accepter mes excuses.

— Mais, madame, c'est moi qui ai donné tout ça à votre fille. Elle avait l'air affamé ; elle ne l'a pas volé.

— Peu importe. Nous ne pouvons pas accepter. Nous ne voulons pas vous en priver. Merci de votre gentillesse. »

Et elle tourna les talons.

La dame me regarda en me souriant et m'offrit une pomme. Puis elle insista pour que Maman garde la nourriture et le vin.

Maman me laissa garder la pomme.

« Vous avez une adorable petite fille, dit la femme. J'espère que tu reviendras me rendre visite, Renée. »

Maman remercia la dame. « Elle est parfois difficile à surveiller. » Maman se présenta.

La dame lui dit qu'elle s'appelait Madame Valat.

« Revenez nous voir. Mon mari et moi, nous avons la radio. Peut-être voudriez-vous venir un soir et l'écouter avec nous. Vous serez les bienvenus. Nous n'avons guère de visiteurs en hiver. »

Maman était surprise que les Valat aient la radio. Elle fit un signe de la tête en souriant. « Vous êtes bien aimable, madame », dit-elle. Ce ne fut que plus tard alors que Maman racontait à Papa ce qui s'était passé qu'elle commença à supposer que les Valat étaient membres de la Résistance.

Après avoir remercié à nouveau Madame Valat, nous prîmes le chemin du retour en mangeant chacune une pomme.

« Je suis désolée de ne pas t'avoir crue, me dit Maman, mais tu ne dois plus jamais quitter la maison sans moi. Tu m'as bien entendue ?

— Oui, Maman. »

Au moins, il ne m'était pas interdit de sortir. Je demandai à Maman si nous pourrions aller rendre visite à Madame Valat la semaine prochaine.

Henri et Jeanne Valat, 1948

« Peut-être, Renée, dit-elle. Elle a l'air d'être gentille. Mais tu ne dois jamais demander à manger aux gens. C'est très impoli. Tu comprends ?

— Oui Maman. »

Le lendemain matin, Maman demanda à Madame Fédou si elle connaissait les Valat. Non seulement elle les connaissait, mais elle l'assura qu'on pouvait leur faire totalement confiance, qu'ils ne nous dénonceraient pas. Les Valat avaient une fille de l'âge de Lucette Fédou et les deux jeunes filles se connaissaient. Ainsi commença une nouvelle amitié dans le village qui nous permit de nous sentir un peu plus en sécurité. Plus notre séjour à Arthès se prolongeait, plus nous rencontrions des gens bons et charitables, en qui nous pouvions avoir confiance. Ils étaient prêts à risquer leurs vies pour les nôtres.

Et ils allaient devenir nos amis.

Chapitre 7 : *Dans la cave des Valat*

Au fil des semaines, l'inquiétude de Maman et Papa grandissait devant le nombre de plus en plus important de rafles à Albi. Nous devions nous réfugier régulièrement dans les champs où nous restions cachés plusieurs heures de suite, ayant eu écho de rafles dans des villes avoisinantes. Nous rencontrions même parfois d'autres Juifs en provenance d'Albi. Ils avaient eu la chance de s'échapper des lieux où ils se cachaient avant que la police française n'arrive.

Pendant cette période, des rumeurs commencèrent à circuler selon lesquelles la police française redoublait d'efforts pour débusquer les Juifs qui se cachaient dans les petits villages. La police devait remplir certains quotas pour calmer les nazis qui, ayant des objectifs très stricts, refusaient d'envoyer des trains dans l'est (de l'Europe) à moins qu'ils ne soient totalement remplis. Nous ne savions pas s'il fallait croire ces rumeurs ou non, mais Maman devint de plus en plus hésitante à quitter l'appartement. Le pasteur protestant qui avait emmené Papa à Toulouse en août se mit en contact avec lui par un intermédiaire. Le messager prévint Papa que les choses allaient en empirant, surtout pour le petit nombre de Juifs étrangers demeurant encore en France.

Les rumeurs entendues par mes parents s'avérèrent exactes. Papa s'arrêta alors de travailler à l'usine des Sauts du Tarn et fut obligé de rester constamment à la maison. « Mais si je ne peux pas travailler, nous n'aurons pas d'argent pour payer le garde champêtre ! »

L'ami du pasteur dit à Papa qu'il essaierait de faire quelque chose. Il insista auprès de Papa pour qu'il suive à la lettre toutes les instructions des Fédou. « Si vous entendez qu'il va y avoir une rafle ou si vous voyez quelque chose de suspect, filez immédiatement, allez vous cacher dans les champs, réfugiez-vous sur les collines, mais partez sans attendre. Le premier endroit où ils viendront vous chercher, Monsieur Caper, c'est soit à votre appartement, soit à l'usine.

— J'ai compris, dit Papa. Croyez-moi ! »

Lui et Maman remercièrent le pasteur de sa sollicitude à notre égard, et l'homme promit de rester en contact avec Maman. Papa sourit lorsque l'homme s'en alla ; il ne comprenait pas vraiment pourquoi le pasteur était aussi préoccupé par notre sécurité au point même de déléguer un émissaire pour nous prévenir. Le pasteur avait l'air de prendre autant à cœur que les Fédou de nous protéger.

J'allais à l'école de manière intermittente, mais pendant plusieurs semaines Papa n'alla pas du tout à l'usine. Il était las de vivre dans cette clandestinité, mais il connaissait les conséquences s'il venait à prendre des risques inutiles. Les mots du pasteur eurent sur lui l'effet escompté.

Chaque matin lorsque j'allais à l'école, je m'asseyais dans la pièce qui servait de classe écoutant d'une oreille, me demandant si mes parents seraient là à mon retour. Il y avait une quarantaine d'élèves dans l'école du village, assis par rangée de dix avec un couloir au milieu. Faisant face aux élèves, il y avait une estrade avec le bureau et la chaise de la maîtresse. Je revois la porte en fer forgé de l'entrée de l'école et l'escalier menant au bâtiment principal. Les matins — même ceux d'hiver — nous traînions sur les marches, reculant ainsi le moment de rentrer en classe et de commencer les leçons du jour.

Comme j'étais toujours parmi les premiers élèves à avoir fini mes leçons l'après-midi, je cherchais ensuite quelqu'un avec qui parler. Mais j'étais toujours repérée par la maîtresse d'école qui me forçait à aller soit au tableau pour conjuguer des verbes, soit au fond de la salle pour compléter une autre leçon. Je finissais mes devoirs dans le temps imparti et je restais assise sur le seuil de la porte, fatiguée, m'ennuyant, en attendant de rentrer à la maison. J'avais toujours cette question inquiétante dans la tête : « Et si Papa et Maman n'étaient pas là à mon retour ? »

Par un après-midi venteux de janvier, alors que je rentrais seule à la maison, je me rendis compte que les rues étaient désertes. Généralement, je voyais soit des hommes au bureau de tabac, soit des femmes décrochant leur linge des cordes — mais cet après-midi-là, étrangement, il n'y avait personne. « Peut-être est-ce à cause du froid ? » pensais-je.

Arrivée devant l'escalier menant à l'appartement, je vis Andrée Fédou assise sur la première marche, bras croisés, mains nues cachées sous les bras. Dès qu'elle me vit, elle se leva et me dit : « Allons faire une petite balade, Renée. » Elle prit ma main dans la sienne.

« Mais je dois voir mes parents, insistais-je. Il faut que je range mes livres.

— Je sais, dit-elle, mais tu feras ça dans un petit moment. Viens avec moi. »

Andrée et moi remontâmes la rue. Nous marchions d'un pas vif face au vent froid. Il n'y avait toujours personne dans les rues et je demandais à Andrée si elle savait pourquoi. « Je te dirai ça dans un moment », répondit-elle.

Après avoir tourné à droite, je reconnus le quartier et je me dis que nous allions certainement chez les Valat. De toute façon, je ne connaissais personne d'autre qui vivait dans cette rue.

Je reconnus leur maison. La porte était fermée et tous les rideaux étaient tirés. Pas de bonne odeur de pain chaud non plus, seul le vent froid. Andrée frappa à la porte. Rapidement, un monsieur aux cheveux gris ouvrit et nous fit entrer. Il se baissa pour me serrer la main : « Tu dois être Renée. Je suis Monsieur Valat.

— Bonjour monsieur. »

On nous fit descendre, Andrée et moi, dans une cave. Beaucoup de gens s'y trouvaient déjà : Maman et Papa, Monsieur et Madame Fédou, leur fille Lucette et Madame Valat en train d'éplucher des pommes de terre dans un bol. Il y avait aussi plusieurs hommes que je n'avais jamais vus auparavant, adossés contre le mur. Maman me fit signe de venir m'asseoir à côté d'elle. Tout le monde était silencieux.

« Qu'est-ce qui se passe, Maman ? » murmurais-je à voix basse.

Maman m'expliqua que des rafles avaient eu lieu la nuit dernière et que plusieurs familles juives récemment arrivées dans le village avaient été emmenées.

« Pourquoi est-ce qu'ils ne nous ont pas pris nous, Maman ?

— Parce que nous avons la chance de rester dans un lieu plus sûr et que les Fédou prennent soin de nous », répondit-elle simplement.

J'entendis quelqu'un dire à Papa : « On pense que c'est le garde champêtre qui a dénoncé les nouvelles familles à la police. Plusieurs hommes qui étaient membres de la Résistance ont aussi été dénoncés, et Monsieur Valat pense aussi que c'est le garde champêtre qui les a vendus. Je suppose qu'il ne nous a pas dénoncés pour le moment, car nous l'avons bien rétribué pour son silence. »

Un homme dans le coin tourna le bouton de la radio. Monsieur Valat lui dit de se dépêcher, car les nouvelles allaient être retransmises d'un moment à l'autre. Maman m'expliqua que tout le monde attendait pour entendre Radio Paris. Quelques secondes plus tard, on perçut une voix entrecoupée. « Baissez le son », dit Papa alors qu'il était déjà difficile d'entendre. Nous écoutions tous la voix grave qui remplissait la pièce.

Le speaker annonça qu'une nouvelle loi était entrée en vigueur, établissant une nouvelle force de police, la Milice française. Les saboteurs seraient la cible privilégiée de la Milice, ainsi que les membres des réseaux clandestins qui tentaient d'éviter la déportation vers les camps de travail obligatoire en Allemagne. Le décret officiel avait été signé avec force de loi quelques heures auparavant, annonça le speaker.

Quand le message radio prit fin, il y eut un étrange silence dans la pièce. Les hommes qui se tenaient debout contre le mur avaient disparu. L'un d'entre eux s'appelait Michel — c'était le fiancé de Lucette Fédou. Maman prit ma main et nous suivîmes Andrée dans l'escalier branlant menant à la cuisine des Valat. Lucette se tenait là debout : elle était venue voir où étaient les hommes.

« Où est Michel ? » demanda Andrée.

— Il est sorti avec les autres. Ils sont allés fumer une cigarette et respirer un peu d'air frais. Heureusement il va faire bientôt nuit, ils ne paraîtront pas suspects. »

Andrée acquiesça.

« Tout ça, c'est très mauvais pour la Résistance, murmura Lucette à sa sœur. Avec cette Milice, Papa a beaucoup plus de risques de se faire attraper. »

Andrée ne répondit rien. Je compris seulement bien plus tard que Monsieur Fédou combattait les nazis comme membre d'un réseau clandestin de résistance. Quelques instants plus tard, Madame Valat remonta l'escalier, suivie de Madame Fédou. Ensemble, elles avaient préparé une marmite de soupe et s'activaient à la verser dans des bols pour tout le monde. Madame Valat demanda à Andrée de dire aux hommes de rentrer.

Lorsqu'ils revinrent, leurs visages étaient sombres. Certains étaient même carrément en colère.

Michel se tourna vers Lucette et dit à voix basse : « Nous allons rejoindre la Résistance. »

— Oh mon Dieu, mon Dieu ! », s'écria Madame Fédou, qui l'avait entendu. Elle lâcha la louche dans la marmite et regarda Michel comme s'il était devenu fou.

« N'as-tu pas entendu le message à la radio ? dit Lucette, visiblement en colère. Imbéciles, vous allez vous faire attraper en un rien de temps. C'est assez que Papa soit en danger. Vous allez aggraver les choses pour nous tous dans le village. Vous allez attirer la police au lieu de détourner son attention.

— Et tous ces gens qui ont été emmenés la nuit dernière, demanda Michel, qui va les remplacer dans la clandestinité ?

— Ce n'est pas à toi de faire leur boulot. »

« Quelqu'un doit assumer cette responsabilité, dit un autre. Allons-nous renoncer à nous battre à chaque signe d'intimidation lancé par le vieux Pétain, bien installé dans son Hôtel du Parc à Vichy ? Il est trop vieux pour se rendre compte du mal qu'il a fait ! » Madame Valat ne fit aucun commentaire. Elle avait gardé son sang-froid tout en continuant à servir la soupe dans les bols. Les hommes s'assirent autour de la table de la cuisine et mangèrent leur soupe avec une sorte de respect, en silence. Leur décision était prise. Lucette, se tenant dans un coin de la pièce, observait Michel.

J'étais fascinée par leur conversation intensément dramatique. Je venais d'assister à ma première querelle d'amoureux.

Une fois de retour dans la cave où se trouvaient Papa, Monsieur Valat et Monsieur Fédou, Maman dit : « Ces hommes vont rejoindre la Résistance. Lucette est bouleversée.

—Non ! Vraiment ? demanda Papa. Il se tourna vers Monsieur Valat. Sont-ils fous ? Veulent-ils tous se faire tuer ? Ou être envoyés dans un camp de travail en Allemagne ?

— Ils ont certainement entendu le message à la radio, dit Maman, et ils l'ont certainement compris. »

Monsieur Valat se mit à rire. « C'est justement parce qu'ils ont entendu l'annonce, expliqua-t-il, qu'ils se sentent investis d'un devoir. Pour eux, le gouvernement de Vichy nous a trahis. Les autorités ont joué le jeu des Allemands et leur ont tout donné sur un plateau d'argent, ajouta-t-il. Le moins que l'on puisse faire est d'aider les gens que Dieu a mis sur notre chemin. »

Papa le regarda d'un air touché.

Quelques heures plus tard, la maison des Valat commença à se vider. Les hommes partirent les premiers ; Lucette et Andrée les regardèrent s'éloigner dans la nuit et, peu à peu, leurs ombres se dissipèrent dans l'obscurité. Maman et moi suivîmes Madame Fédou et ses filles vers la maison. Papa nous rejoignit quelques minutes plus tard. Nos déplacements étaient échelonnés pour ne pas attirer l'attention.

Lorsque nous retournâmes chez nous, il n'y avait nulle trace de tentative d'effraction par la police : personne n'était venu nous chercher en notre absence. Nous n'avions aucune nouvelle de Saint-Juéry ce jour-là, mais il était trop dangereux pour Papa d'aller jusque là-bas pour voir si tout allait bien chez Oncle Oscar. Nous espérions qu'ils étaient aussi en sécurité.

* * * * *

Les Fédou et les Valat se réunirent et mirent au point un plan. S'il y avait trop d'agitation au village, les Valat nous cacheraient dans leur cave à charbon. Si je rentrais de l'école et trouvais la maison vide, on m'avait bien recommandé de ne jamais aller directement chez les Valat, car cela révélerait à tout le monde notre cache si nous étions surveillés. Je devais aller chez les Fédou et attendre qu'Andrée me donne le feu vert pour aller chez les Valat. Heureusement, Maman et Papa étaient en général à la maison lorsque je rentrais.

À deux occasions cet hiver-là, nous dûmes passer la nuit dans la cave des Valat. Nous dormions parmi les sacs de pommes de terre et de charbon. Madame Valat nous apportait de quoi manger et nous pouvions nous déplacer dans la cave, mais nous ne devions pas quitter la maison. Nous nous sommes retrouvés là-bas pour la première fois un vendredi et j'ai été surprise lorsque Papa a annoncé que nous allions observer le rituel du shabbat. « Nous devons remercier Dieu pour sa bonté de nous avoir protégés », dit-il. Je me souviens de la façon dont il prononça le kiddush, c'est-à-dire la prière juive sur le vin, à voix basse, afin que les Valat ne l'entendent pas. Et le soir suivant, il fit la havdala, la prière marquant la fin du shabbat en espérant une bonne semaine. J'étais captivée. Je n'avais jamais observé les rituels du shabbat auparavant, mais je me sentais réconfortée par les prières.

Le dimanche matin, Madame Valat, qui était catholique, descendit voir Maman à la cave pour savoir si elle voulait l'accompagner à l'église.

« Si les gens du village vous voient à l'église, ils penseront que vous êtes catholique et pas quelqu'un qui se cache, expliqua Madame Valat. Vous pourriez faire semblant d'être venue rendre visite à de la famille ou d'être venue dans le Sud de la France pour chercher du travail dans les champs ; mais au moins, ils ne penseront pas immédiatement que vous êtes juive si vous allez dans une église. Ça pourrait être un bon moyen de vous protéger ainsi que votre famille. Il y a d'autres Juifs dans le village qui y vont.

—Vraiment ? Mais n'est-ce pas trop dangereux ? Je ne sais même pas ce qu'il faut faire dans une église. Je ne connais pas les prières.

— Imitez-moi, c'est tout.

— Mais si le garde champêtre sait déjà que nous sommes juifs, quel intérêt ? interrompit Papa.

— Vous ne savez pas qui peut remarquer Madame Caper à l'église. Imaginez que quelqu'un la voie et que ce quelqu'un vienne à être interrogé par la police. Si cette personne a l'impression que votre épouse est catholique et qu'elle l'a vue un matin à la messe avec moi, cela ne lui viendra pas à l'esprit de la dénoncer à la police. »

Alors, Maman mit sa plus jolie robe et remonta rejoindre Madame Valat. Madame Fédou s'était jointe à elles pour les accompagner à la messe. Restés dans la cave, Papa et moi entendîmes Maman et les deux femmes partir. Papa, qui essayait pourtant de paraître calme, ne parvenait pas à cacher son inquiétude, craignant que quelque chose arrive à Maman une fois dehors.

Après un bon moment, il y eut des bruits de pas au-dessus de nous, et Monsieur Valat descendit l'escalier.

« Tout va bien, monsieur ? demanda-t-il à Papa.

— Oh oui, mon ami. Vous n'êtes pas allé à l'église avec votre épouse ? lui demanda Papa.

— Non, pas aujourd'hui, j'aime faire travailler ma femme ! Maintenant elle aura à prier deux fois plus fort pour moi, dit-il dans un grand éclat de rire. Vous connaissez les femmes, toujours en train d'aller à la messe. Le pire, c'est que le prêtre me connaît et je peux vous garantir qu'il sera à la porte avant la fin de la journée pour savoir pourquoi je n'étais pas à l'église… Montez, monsieur, j'ai quelque chose à vous montrer.

— Bien, dit Papa, j'arrive. »

Je suivis Papa qui montait l'escalier vers la cuisine baignée de soleil. Nos yeux, habitués à l'obscurité, furent éblouis par la lumière du jour. Monsieur Valat nous introduisit dans un petit boudoir que nous n'avions jamais remarqué auparavant. Monsieur Fédou, déjà assis autour de la table, mélangeait un jeu de cartes. Il nous accueillit avec le sourire.

Monsieur Valat se tourna vers Papa. « Je n'aime guère vous laisser seuls dans la maison, Monsieur Caper, mais si un jour ça vous arrive et que vous entendiez quoi que ce soit de suspect, venez vous réfugier dans cette pièce immédiatement. Ne descendez pas à la cave parce que vous n'en aurez pas le temps. Quand cette porte est fermée de l'intérieur, on a l'impression qu'elle fait partie du mur. »

Il nous en fit la démonstration en faisant entrer Papa, et m'appela pour fermer la porte de l'intérieur.

*   *   *   *   *

Je fis ce que Monsieur Valat me demanda et j'entendis Papa dire : « Incroyable, je ne l'avais pas remarqué auparavant. »

J'ouvris la porte et les hommes rentrèrent dans le petit boudoir. « Peu de gens la remarquent, continua Monsieur Valat. Lorsque vous êtes nombreux, nous devons vous cacher à la cave parce qu'il n'y a pas assez de place dans cette pièce. Mais si vous êtes seul, autant vous cacher ici. Vous pouvez me croire, s'il y a une rafle, la police cherchera toujours à la cave. »

Les trois hommes s'assirent autour de la table et jouèrent aux cartes. Papa me demanda de rester sage et de faire mes devoirs. Mais je jouai pendant un long moment avec le chat gris de Madame Valat, tout en écoutant la conversation des trois hommes.

Si nous n'avions pas été Juifs et contraints de nous cacher, ç'aurait été un dimanche matin normal passé à jouer aux cartes avec des amis. Mais nous devions toujours être sur nos gardes. Il y avait de petites étagères remplies de livres sur le mur. Monsieur Valat était quelqu'un qui s'intéressait à l'Histoire et il lisait beaucoup. J'aurais voulu qu'il me fasse la lecture comme Oncle Heinrich, mais il ne me le proposa pas et j'étais trop timide pour le lui demander. Papa disait que c'était un homme de savoir ; il connaissait l'Histoire mieux que quiconque dans le village et avait offert à Papa d'emprunter ses livres. « Mais n'en prenez pas trop à la fois, dit-il en riant. Ces livres servent aussi à insonoriser la pièce. »

Ce matin-là, Papa et Monsieur Valat discutèrent du sort des Juifs qui avaient été arrêtés. Je faisais semblant de paraître absorbée par mes devoirs ; Papa, lui, semblait oublier que j'étais là et que je pouvais entendre chacun de leurs mots.

« La situation est bien pire pour les familles qui viennent d'arriver, expliqua Monsieur Fédou. On n'a pas le temps de les connaître et de leur trouver un endroit où les cacher qu'ils sont déjà pris dans les rafles. J'ai déjà trois familles qui se cachent hors du village dans une vieille ferme et qui attendent de trouver un meilleur endroit où se dissimuler.

— Alors, vous imaginez dans la Zone occupée ? Papa répondit calmement. Pour sûr, là bas, ils sont à la merci de la Gestapo.

— Vous oubliez, corrigea Monsieur Valat, que maintenant toute la France est une Zone occupée. La Gestapo ne va pas tarder à arriver ici aussi.

— Vous croyez ?

— J'en ai bien peur. Ils sont déjà à Albi à ce que j'ai entendu.

Monsieur Fédou leva la tête, se rappelant que j'étais là et que je pouvais être effrayée par leur conversation. Il changea de sujet. Il se tourna vers Papa et demanda : « Tout cet antisémitisme, Benno, qu'est-ce que cela signifie ? »

Papa abattit une carte sur la table, puis resta bouche bée. « Vous voulez dire qu'avec tout ce qui s'est passé et ce qui se passe encore, vous ne comprenez pas la signification de tout cela ?

— Vous avez mal compris, cher ami, expliqua Monsieur Valat. Les Juifs vivent dans cette région depuis le Moyen-Âge, après avoir quitté l'Espagne au moment de l'Inquisition. Nous avons toujours coexisté pacifiquement. Ce que nous n'arrivons pas à comprendre, c'est comment nous en sommes arrivés là. Qu'est-ce qu'ils ont, les Allemands, contre les Juifs ? Et les Français, contre les Juifs ? »

Papa posa ses cartes sur la table et sourit. « C'est une très longue leçon d'histoire, dit-il. Il est possible que pendant des années la France ait été un havre de paix pour les Juifs, mais ça n'a pas toujours été le cas, et c'est différent ailleurs. En Allemagne, les nazis répandent l'idée que les Juifs font partie d'un complot mondial pour détenir le monde. Ils ont disséminé cette propagande pour convaincre la population allemande que nous sommes une plaie pour la terre entière. Ils veulent détruire totalement notre race comme si nous étions moins que rien. Et ne vous méprenez pas ! Il y a en France et ailleurs des gens qui aideront les nazis à mettre en place leur programme diabolique. Regardez tous ces gens qui s'empressent de nous dénoncer. Nous sommes une menace, vous comprenez. Une menace pour l'économie parce qu'ils croient que nous prenons tous les emplois ; une menace pour la culture parce qu'ils pensent que nous la détruisons ou plutôt que nous cherchons à la diluer dans la nôtre ; et nous sommes une menace pour la sécurité du pays. Ils nous rendent responsables du fait que la France est en guerre contre l'Allemagne. Regardez la Milice, une force de police soi-disant, constituée de gens instruits comme vous l'êtes.

— Mais pourquoi, Papa ? »

Les trois hommes tournèrent la tête, réalisant que j'avais tout entendu.

« Je me suis souvent posé la question, Renée, dit Papa simplement, mais je ne sais pas quoi te dire. Je ne comprends pas moi-même. Ce n'est pas la première fois — hélas, que les Juifs sont traités de cette manière. La seule chose que je sais, c'est qu'on ne peut rien faire maintenant. »

Les hommes continuèrent de jouer sans plus en parler. Je n'étais pas sûre de ce qu'était l'antisémitisme, ni pourquoi cela existait. J'étais surprise que Monsieur Fédou ait posé la question à Papa. C'était comme s'il n'avait pas compris le sens de son combat jusqu'à maintenant.

Plus tard, Maman et Madame Valat rentrèrent. Elles furent étonnées de nous trouver en haut, et Maman me demanda ce que j'avais fait toute la matinée et si j'avais fini mes leçons. Nous nous réunîmes tous dans la cuisine, et Madame Valat commença à nous préparer un petit déjeuner tardif.

Quelques minutes plus tard, on entendit frapper à la porte, et Madame Fédou s'empressa de faire rentrer un homme de grande stature qu'elle appela Monsieur le Curé. Il était habillé d'une longue robe noire, ce qui me fit rire. Maman m'expliqua que c'était le prêtre du village et qu'il portait une soutane.

« Ah, qu'est-ce que je vous avais dit ? Qu'est-ce que je vous avais dit ? s'écria Monsieur Valat à Papa, tout en tirant sa montre à gousset de sa poche. Il n'y a pas une heure que la messe est finie et voilà Monsieur le curé qui vient prendre de mes nouvelles ! Entrez, entrez mon ami, dit-il en riant.

— Vous avez raison, mon vieux, lui répondit le prêtre en souriant et en passant la main dans ses cheveux grisonnants. Je ne pouvais pas laisser passer une semaine sans vous voir. Et j'ai des nouvelles pour vous.

— Je l'espérais. Entrez donc. »

Avant que Monsieur Valat ne le fasse entrer dans le boudoir, Madame Valat nous présenta à lui. Il salua Maman et il me serra la main en m'appelant un petit ange. Il avait de beaux yeux bleus doux et un rire communicatif. On sentait que Monsieur Valat et le curé étaient de bons amis, et je trouvais drôle qu'il l'appelle « mon vieux », alors qu'il avait les cheveux aussi blancs que Monsieur Valat. Il serra la main de Papa cordialement et il suivit Messieurs Valat et Fédou dans le boudoir.

« Ah, ces hommes, ils sont déchaînés quand ils sont ensemble », sourit Madame Valat, tout en remuant de la pâte dans un bol.

Maman commença à mettre la table. « Est-ce que Monsieur le curé restera à déjeuner avec nous ?

— Ah non, lui souffla Madame Fédou. Il a beaucoup de familles auxquelles il doit rendre visite aujourd'hui. »

Maman acquiesça et plaça les serviettes à chaque extrémité de la table. Je descendis en courant chercher mes affaires à la cave et rejoignis Maman dans la cuisine. Nous passâmes en revue mes leçons pendant que les deux femmes finissaient de préparer le repas. Lucette et Michel entrèrent et sortirent de la maison tout l'après-midi espérant parler au curé de leur mariage, mais Madame Valat les convainquit finalement d'attendre un moment plus propice pour le faire, quand il serait moins occupé.

Monsieur Valat et Monsieur Fédou parlèrent avec le curé pendant un long moment. On frappa à nouveau à la porte et cette fois-ci le pasteur, ami de Papa, demanda à voir Monsieur Valat. « Vous devez venir aussi, dit le pasteur à Papa. Cela vous concerne. »

Papa et le pasteur entrèrent dans le boudoir pour rejoindre les autres hommes. Lorsqu'ils en sortirent, le prêtre nous quitta. Personne ne parlait. Je savais que l'on avait discuté de choses graves, mais je ne réaliserais que de nombreuses années plus tard que ce qui avait été discuté ce matin-là allait bouleverser toute mon enfance.

Une fois le repas terminé, Madame Fédou partit en avant pour vérifier si notre maison était sûre et fit savoir à Andrée que tout semblait calme. Nous remerciâmes encore les Valat de leur protection et de leur gentillesse à notre égard, et nous rentrâmes chez nous. Papa devait arriver un peu plus tard dans la soirée, accompagné de Monsieur Fédou.

Alors que Maman et moi marchions dans la rue, je lui demandai comment s'était passée la messe.

« C'était difficile à comprendre, me répondit-elle. Je me suis assise et j'ai regardé autour de moi. Il y a eu beaucoup de chants, mais dans une autre langue. Je sais que de nombreuses femmes du village m'ont vue. J'ai essayé d'imiter ce que faisait Madame Valat et Madame Fédou. Les gens vont peut-être maintenant penser que nous sommes catholiques et j'espère qu'ils vont nous laisser tranquilles. »

Chapitre 8 : L'interrogatoire

Un jour, je rentre de l'école et je suis étonnée de ne pas trouver Maman à la maison. On est le seize novembre 1943. C'est son anniversaire. Madame Sachs est assise à table.

« Où est Maman ? Je sens mon estomac se nouer.

— Ne t'inquiète pas, dit Madame Sachs. Elle est partie rendre visite à ta cousine Evelyne. Elle ne va pas tarder à rentrer. »

Je sais qu'Evelyne vient de se faire opérer. On lui a retiré les amygdales. Maman a dû aller aider Tante Hanna. Je trouve un bonbon sur la table, que Maman m'a laissé. Je sais que tout va bien. Le bonbon est le signe qu'elle rentrera dès que possible.

J'enlève mon pull-over et commence à délacer mes chaussures qui sont devenues tellement petites que j'ai des cloques plein les pieds. L'une de mes chaussures, déchirée sur le côté, prend l'eau lorsque je marche dans les flaques.

Je sais que Maman n'arrive pas à me trouver une paire de chaussures au village, aussi j'évite de me plaindre. Tout le monde a le même problème, surtout les enfants. Le cuir est tellement rare que l'on répare les semelles avec du bois.

Madame Sachs découpe des figurines en papier. Je l'observe tout en essayant de l'imiter. Elle est très douée de ses mains, et en quelques instants on a fait un bateau en papier et un cygne — deux petits cadeaux que je garde pour Maman quand elle rentrera ce soir.

Après les avoir rangés dans le tiroir, je sors mon cahier d'exercices et Madame Sachs commence à passer en revue mes devoirs. Dans la chaleur oppressante de cet après-midi calme, nous sursautons au bruit de bottes dans l'escalier. Madame Sachs se lève brusquement de sa chaise. Je ne bouge pas.

« Cache-toi, cache-toi », chuchote-t-elle. Mais je n'en ai pas le temps. De plus, il n'y a pas d'endroit dans la pièce où je peux me cacher.

On entend plusieurs coups à la porte.

« Attendez », dit Madame Sachs. Elle me fait signe de ne rien dire, quel que soit ce qui nous attend, et elle déverrouille la porte.

Deux hommes entrent dans la pièce. L'un est grand avec une moustache, l'autre est de petite taille. Ils portent des vestes noires, des chemises couleur kaki, des pantalons bleus, des bérets noirs, et de larges ceinturons noirs comme ceux que Tante Sophie avait décrits à Papa quand la police était à la recherche d'Oncle Heinrich. Je sais immédiatement que ces hommes font partie de l'ennemi. Ce sont des miliciens, membres de la nouvelle force de police française.

L'un d'eux pousse Madame Sachs sur le côté. Ils savent tout de suite que ce n'est pas ma mère. Pendant que le plus grand se dirige vers moi, l'autre commence à fouiller la pièce, se glissant dans la petite alcôve qui sert de cuisine.

« Que lui voulez-vous ? lui demande Madame Sachs.

— On veut l'interroger.

— Mais vous voyez bien que c'est juste une petite fille. Elle ne sait rien.

— Taisez-vous, dit le petit homme. Ce n'est pas à vous qu'on veut parler, c'est à elle.

Les deux hommes m'attrapent par les bras. Je reste calme mais n'ose à peine lever la tête.

« Dis-moi, petite fille, dit l'homme, où est ton père ?

— Ça fait des milliers d'années que je ne l'ai pas vu. »

Mes parents m'ont préparée depuis bien longtemps. Je sais qu'il ne faut rien révéler à qui que ce soit de leurs allées et venues. En particulier si c'est une personne en uniforme qui pose des questions. J'ai appris à mentir pour me protéger et je grossis même les mensonges en disant des milliers d'années, persuadée qu'ils vont me croire.

— La dernière fois que tu l'as vu, dans quelle direction est-il parti ? »

J'indique une direction du doigt. « Mais comme ça fait si longtemps, vous ne le trouverez jamais. »

— C'est juste, intervient Madame Sachs.

— Taisez-vous ! lui crie l'homme. Tu mens ! », vocifère-t-il en me regardant.

C'est le petit homme qui parle d'une voix douceâtre : « Écoute bien. Nous savons qui tu es. On sait tout de toi, ton nom, ton vrai nom. Tu es juive, n'est-ce pas ? »

Je fais non de la tête.

Je ne sais pas s'ils connaissent mon vrai nom ou s'ils essaient de me faire parler sous la menace. Ils ne m'appellent ni Ruth, ni Renée.

Le plus grand tente de m'amadouer. « Essaie de te souvenir. Dans quelle direction est parti ton papa quand il a quitté la maison ce matin ? »

Je hausse les épaules. Ils savent que je mens. Mon corps tout entier tremble et mes genoux s'affaiblissent. Je sais qu'à tout moment mon père peut arriver, car son équipe de travail va bientôt finir. Je dis « Je ne sais pas » avec le meilleur accent patois que je connaisse. J'ai appris ce dialecte régional de mes camarades de classe et maintenant je sais exactement imiter leur accent. Je veux que les deux policiers croient que je suis bien originaire de la région et qu'ils ont fait une grosse erreur. Mais s'ils avaient vérifié mon dossier ? Et s'ils avaient découvert que nous avons tous de faux papiers ?

Finalement, avec chacune de mes mains, je pointe dans une direction opposée.

« Très maligne, cette enfant », dit le petit homme. Je vois bien qu'il ne va pas tolérer mes mensonges bien longtemps et j'ai peur qu'il ne me frappe. Je le regarde droit dans les yeux pour la première fois. Une de ses dents de devant est cassée. Il me pousse au fond de la chaise.

« Dans quelle direction ? Dis-nous sinon on va chercher ta mère ! »

Derrière eux, je vois Madame Sachs faire non de la tête. Me prend-elle pour une idiote ? Jamais de la vie je ne vendrais mes parents à ces hommes.

Je pointe à nouveau le doigt dans la direction opposée à celle que prend mon père pour aller à l'usine de Saint-Juéry. « Je crois que c'était par là. Mais je ne suis pas sûre parce que ça fait bien longtemps. »

Les deux hommes se regardent, puis regardent Madame Sachs. Je suis sûre qu'ils vont me prendre et me tuer à la place de Papa. Ce n'est que plus tard que Maman m'assura que la Milice n'embarquait que les hommes juifs des villes du Sud. Au moment de mon interrogatoire, ils n'étaient intéressés ni par les femmes ni par les enfants.

« Elle dit la vérité, murmure Madame Sachs. Je suis certaine que si vous suivez ce chemin, vous trouverez l'homme que vous recherchez. Maintenant regardez cette pauvre enfant. Elle est terrorisée. »

Ils m'observent. J'éclate en sanglots.

« J'espère que tu nous as bien dit la vérité, petite, sinon c'est pour te prendre toi que nous reviendrons ! »

Ils se dirigent vers la porte, l'ouvrent et redescendent l'escalier dans le noir. Avant qu'ils n'atteignent la rue, j'entends l'un des hommes dire : « On n'en a pas attrapé un seul aujourd'hui. On va certainement être renvoyés. »

Madame Sachs claque la porte derrière eux et s'empresse de la verrouiller. Puis elle vient vers moi et me prend dans ses bras. Je sanglote.

Maintenant que l'interrogatoire est fini, je commence à comprendre les craintes de Maman et le danger qui nous entoure. Mais je ne m'explique toujours pas pourquoi ces gens s'acharnent contre nous. Pourquoi nous devons nous cacher et pas les autres. Je sais maintenant pourquoi Maman a dû m'enfermer si souvent dans la cave à charbon à Toulouse : pour essayer de me garder en sécurité. Je me souviens de la fraîcheur obscure de la cave, des murs froids et visqueux, des bruits soudains dans les recoins. La prison, ça doit être comme ça.

« Tu trembles, me dit Madame Sachs. Mais elle aussi tremble.

— Est-ce qu'ils vont revenir me chercher ? Vont-ils trouver Papa ?

— Chut, Renée ! Ta maman sera bientôt de retour à la maison. »

Mais Maman ne rentra de Saint-Juéry que quelques heures plus tard. Une voisine l'avait prévenue sur le chemin du retour que deux miliciens avaient été repérés en train de monter l'escalier de notre appartement. Très angoissée, Maman s'était demandé comment elle pouvait prévenir Papa avant la fin du travail. Puis, paniquée, elle avait réalisé que les deux miliciens étaient peut-être déjà à l'usine. La voisine l'avait rassurée qu'un membre de la Résistance avait été envoyé pour intercepter Papa et l'avertir de ne pas rentrer. Pour plus de sécurité, la dame lui avait vivement conseillé de ne pas rentrer avant la nuit.

Maman arriva enfin. Je courus vers elle, me jetai dans ses bras et me pendis à son cou. Elle pleurait alors que je lui racontais le déroulement des événements de la journée. Je me souviens de ses expressions et de la façon dont elle s'était caché le visage dans les mains sous l'effet de la fatigue et dans un geste d'impuissance. Mes parents avaient l'impression de courir dans tous les sens, espérant échapper au danger mais conscients des périls qui les attendaient, quel que soit l'endroit où nous nous trouvions. Toute personne se présentant à la porte pouvait être amie ou ennemie.

« Nous ne sommes même pas en sécurité ici dans ce petit village, dit Maman.

— Ils ont dit qu'ils reviendraient me chercher s'ils ne trouvaient pas Papa.

— Non, me rassura Maman. Ils ne viendront pas te chercher, pauvre chérie. Dire qu'une chose pareille est arrivée pendant mon absence ! »

Madame Sachs nous regardait avec une expression grave. « Vous ne pouvez plus rester ici, madame. C'est désormais beaucoup trop dangereux. Ils vont savoir que vous êtes en train d'attendre le retour de Monsieur Caper.

— Je sais, répondit Maman. Lorsque j'aurai parlé avec Madame Fédou, nous saurons quoi faire. »

Maman ne donna aucune indication à Madame Sachs de l'endroit où nous pourrions aller. Bien qu'elle ait confiance en elle, elle ne savait pas si elle pouvait faire confiance aux amis de Madame Sachs. Et elle se demandait aussi qui nous avait dénoncés à la Milice.

Madame Sachs prit bientôt congé de nous et Maman réchauffa de la soupe sur le petit poële au kérosène. La chambre était plongée dans l'obscurité à l'exception de la table éclairée par une petite lampe. Maman était sûre que même avec les rideaux métalliques baissés, les gens pouvaient voir de l'extérieur, à travers les fentes, une faible lumière dans ce qui était censé être un cagibi attenant à l'appartement mitoyen. Nous étions terrifiées à l'idée que la police puisse revenir. Cette fois-ci, ils prendraient peut-être Maman.

Soudain, on entendit un bruit dans l'escalier. Nous écoutions, sans bouger. Et si la police, restée à l'arrière, avait vu Maman rentrer et attendait dans l'ombre que Papa n'arrive ?

« Prends ton manteau », chuchota-t-elle.

Il y eut deux coups à la porte, un silence et un troisième coup. C'était le signal qu'utilisaient les Fédou. Maman ouvrit la porte avec prudence.

C'était Andrée Fédou, le visage caché dans l'ombre. « Dépêchez-vous, madame. Je vous emmène en haut de la rue. Nous avons entendu ce qui s'est passé cet après-midi. Vous n'êtes plus en sécurité ici. »

Maman acquiesça. En haut de la rue, cela voulait dire la maison des Valat. Nous descendîmes les marches sur la pointe des pieds. Dehors, les rues étaient désertes.

Les volets des maisons étaient fermés pour abriter les activités secrètes de la Résistance. Nous grimpâmes la colline tout en longeant les murs. Madame Valat nous attendait. « Vite, entrez », murmura-t-elle.

Après lui avoir souhaité bonne nuit, Andrée repartit chez elle. La seule lumière qui était allumée chez les Valat était celle de la cuisine. La maîtresse de maison nous avait préparé une petite collation que nous avalâmes très vite avant de gagner la cave. Henri Valat était assis près de la table en train de lire un vieux livre épais. Il doit lire tout le temps comme Oncle Heinrich, pensais-je.

« Je suis désolée pour cet après-midi, dit Madame Valat. Quel choc pour cette pauvre Renée. »

Elle nous mena vers l'escalier escarpé de la cave. Je me sentais chez moi ici. J'avais l'habitude de l'odeur et de la poussière. Madame Valat alluma la lampe pour nous ; elle nous avait descendu un pichet d'eau au cas où nous aurions soif pendant la nuit.

« Jusqu'à ce que tout se tasse, vous serez plus en sécurité ici. Pour le moment, la police n'a pas découvert cette cache, ni l'escalier dérobé. Les Fédou vont s'occuper de contacter votre mari et lui diront de venir ici directement. Ne faites pas de bruit et ne parlez qu'en cas de nécessité, à voix basse. »

Maman écouta avec attention les recommandations de Madame Valat, puis acquiesça. Après nous être assises sur des sacs de charbon, nous essayâmes de manger le dernier morceau de pain rapporté de la cuisine. Je n'arrivais pas à avaler. Je mastiquais longuement ces petits morceaux de pain qui ne passaient qu'avec beaucoup d'eau.

Chaque bruit pouvait cacher un danger. Nous nous attendions au pire.

J'observe le visage de Maman dans la lumière pâle. Elle regarde droit devant elle, les yeux ouverts et figés. Elle mémorise chaque bruit de la nuit. Elle a à peine bougé depuis que nous sommes descendues dans la cave.

Alors que je scrute les coins et recoins sombres de la pièce, je vois les visages des deux policiers parmi les ombres de la nuit. Je vois l'homme à la dent cassée et aux yeux noirs. Il rit et son visage se déforme de façon grotesque. Il connaît mon nom ; il sait tout de moi ; et il sait que je déteste le noir.

Il devient de plus en plus grand. Je cours entre ses bottes noires et soudain, je suis libre. Je cours dans les champs, je cours sur la route. J'arrive à Toulouse et je cherche Oncle Heinrich, Jeannette, toutes les personnes qui me con- naissent. Les blés et les tournesols ondulent comme des cheveux dans le vent. Les collines ressemblent à un amoncellement de corps humains, les corps des gens traqués et capturés par la police. Voilà ce qu'ils deviennent.

Je me retourne et à mon grand effroi, je vois le policier sur la route. Il me pourchasse, en m'appelant par mon prénom. J'essaie de courir encore plus vite, mais soudain le sol s'ouvre sous mes pieds et je dois éviter ces grands trous. Peu importe où je cours, la terre s'ouvre, toujours plus large, et je sens que je tombe...

« Renée, Renée ! »

Maman me pousse du coude pour me réveiller. Je me redresse et je vois Papa descendre l'escalier.

« Papa ! »

Monsieur et Madame Valat lui emboîtent le pas et s'asseyent dans l'escalier en nous rappelant de ne pas faire de bruit.

En prenant Maman dans ses bras, Papa dit : « Joyeux anniversaire, Lissy. » Il sourit. Il a déjoué la police.

Maman rit et pleure en même temps, tout en retirant des brins d'herbe séchés du pull de Papa. C'est le meilleur et le pire anniversaire de sa vie.

Puis Maman, Madame et Monsieur Valat et moi, nous nous asseyons autour de Papa pour écouter comment il a réussi à éviter la Milice.

À part le garde champêtre, il y avait un autre informateur dans le village. La Résistance suspectait un individu, ignorant ce que savait cet informateur et combien de familles avaient été dénoncées. Le surveillant à l'usine avait ordonné à tous les ouvriers juifs de s'arrêter de travailler plus tôt cet après-midi-là et de rentrer chez eux. Il pensait qu'une inspection policière allait avoir lieu.

Papa s'était empressé de partir et était arrivé à Arthès, en empruntant le chemin secret qu'il utilisait toujours lorsqu'il y avait des risques.

Le réseau d'information entre Saint-Juéry et Arthès était tellement sophistiqué que quelques minutes à peine après que la Résistance ait aperçu le fourgon de police entrer dans le village d'Arthès, un homme avait été envoyé pour avertir Papa à l'usine.

Plusieurs autres Résistants étaient postés aux différentes entrées du village au cas où Papa se serait déjà mis en route. Alors qu'il arrivait, il vit Madame Federer, une autre réfugiée, venir à sa rencontre. Madame Federer lui dit de fuir.

« Que se passe-t-il ? lui demanda Papa.

— La police était là à l'instant, lui répondit-elle. Ils m'ont demandé si je connaissais un certain Monsieur Kapp. Je leur ai répondu qu'il y avait beaucoup de nouveaux habitants au village et que je ne connaissais pas ce nom.

— Où sont-ils allés ? demanda Papa.

— Je leur ai dit d'aller à la Mairie. Ne rentrez pas chez vous, monsieur ; vous n'avez pas le temps. Allez vous cacher. »

« Qu'est-ce que je pouvais faire ? continua Papa. Madame Federer avait vu la police dans la rue. Impossible de rentrer à la maison et même de se cacher chez les Fédou. Leur appartement serait fouillé sans aucun doute et ils seraient interrogés. »

« Alors, où as-tu été, Papa ? demandais-je finalement.

— Je me suis caché dans les latrines !

— Tu veux dire que tu étais juste là en face de l'appartement ?

— Heureusement que la police n'a pas eu besoin de les utiliser ! », dit Papa en riant.

Madame Valat et moi pouffons de rire. « Tu étais caché là pendant tout ce temps ? demanda Maman.

— Non, non. Depuis les latrines, j'ai grimpé jusqu'au grenier et je les ai observés par la petite lucarne jusqu'à ce qu'ils partent. Ensuite, j'ai attendu un quart d'heure avant de m'enfuir dans les champs. Je me suis caché là-bas jusqu'à la nuit. J'avais peur que tous les quatre, nous nous endormions. C'était si calme sous les étoiles.

— Tous les quatre ? demanda Monsieur Valat.

— Oui. Ils étaient aussi à la recherche d'Oscar Nussbaum, de Joseph Kahn et du nouvel arrivant, Monsieur Dimmardman. Il avait dit à la police qu'il avait besoin de récupérer quelque chose et il n'est jamais revenu. Nous l'avons retrouvé un peu plus tard dans les champs.

— Heureusement que c'est la saison du blé et que les épis sont hauts », dit Madame Valat. Tout le monde se mit à rire.

Maman voulait savoir si la Milice était venue directement chez Oncle Oscar et chez Monsieur Kahn à Saint-Juéry. Si c'était le cas, ils n'étaient plus en sécurité là-bas.

« Je ne sais pas pour Oscar, dit Papa. Il était parti depuis le matin et Michel était à sa recherche. Il l'a vu à un moment descendre du bus. Il avait fait un voyage risqué jusqu'à Albi pour acheter un cadeau pour l'anniversaire de Lissy. »

« Vraiment ? s'écria Maman. Il est fou.

— Attends d'entendre l'histoire de Monsieur Kahn, continua Papa. Il était chez lui lorsqu'ils sont venus frapper à sa porte.

— Et que lui est-il arrivé ?

— Il s'est échappé par la fenêtre de la chambre à coucher au moment où la police cassait la porte d'entrée. Madame Kahn avait l'air furieuse comme si elle et Joseph venaient juste de se disputer. « Que voulez-vous ? » demanda-t-elle à la police. Ils lui répondirent qu'ils étaient à la recherche de son mari.

« Passez-moi votre arme. S'il y a quelqu'un ici qui doit tuer mon mari, c'est moi ! » Puis elle s'est mise à crier en dialecte alsacien pour avertir Joseph de sortir au plus vite de sa cachette. Les policiers n'ont rien compris. En fait, elle essayait de gagner du temps pour qu'il puisse sauter du toit et partir se cacher. »

— Et ils ne l'ont pas retrouvé ?

— Non, il y a longtemps qu'il s'était enfui.

— Cette Madame Kahn, elle est incroyable ! s'exclama Maman. C'est une chance qu'ils n'aient pas utilisé leur arme contre elle. »

Je demandai à Papa comment il avait su que nous étions chez les Valat.

« Je suis venu par derrière en traversant les jardins », dit-il. Andrée Fédou était là à m'attendre. Elle se doutait que j'allais arriver de ce côté. C'est elle qui m'a emmené ici. »

Maman hocha la tête. « Cette fille va se faire attraper si elle ne fait pas attention. »

Il est clair que les Fédou prenaient de grands risques pour nous depuis que nous avions emménagé à Arthès. Monsieur Fédou nous protégeait efficacement. Il était certainement déjà en train de chercher un endroit dans le village où cacher Oncle Oscar et Joseph Kahn.

« Nous avons beaucoup de chance. » Maman disait toujours ça lorsque nous avions échappé par miracle à un désastre.

« Non, dit Papa avec un regard sobre. C'est plus que de la chance… »

Monsieur Valat regarda Papa à travers la pièce sombre.

« Oui, dit-il. Vous avez un sixième sens incroyable. Vous arrivez toujours à anticiper le désastre. »

Papa mit son bras autour de moi et me serra. « Mais c'est Renée qui nous a sauvés aujourd'hui, dit-il. Elle a su gagner du temps avec la police, ce qui m'a permis de me cacher. »

Est-ce que j'avais vraiment fait ça ? Tout l'après-midi, j'étais persuadée que j'étais responsable, d'une façon ou d'une autre, d'avoir attiré l'attention de la police française. Comment avaient-ils pu savoir qui et où j'étais ? Pourquoi étaient-ils venus me poser des questions sur Papa ? Mais voilà que Papa était fier de moi. Et c'était la première fois que Maman me disait que j'étais une petite fille très courageuse.

Madame Valat nous descendit des couettes pour dormir, et son mari et elle nous souhaitèrent une bonne nuit. Malgré les grands risques qu'ils prenaient en nous protégeant, ils étaient chaleureux et semblaient plutôt contents d'avoir de la compagnie. Quand Madame Valat éteignit la lumière et referma la porte en haut de l'escalier, j'enfonçai la tête sous la couette. Il faisait si noir que je ne pouvais pas voir le visage de l'homme à la dent cassée. Et pourtant, je savais qu'il rôdait tout près. J'avais l'impression qu'il nous observait et qu'il attendait le moment propice pour me capturer.

Tout ça était tellement confus. La police aurait pu m'emmener lorsqu'ils n'avaient pas trouvé Papa et Maman. Ç'aurait été une façon d'obliger mes parents à se rendre. Et pourtant, ils m'avaient laissée tranquille.

Papa et Maman parlèrent longuement cette nuit-là. Maman avait peur de retourner à l'appartement. Elle était désormais convaincue que nous devions quitter Arthès.

« Mais où aller ? » demanda Papa simplement.

À part Tante Sophie et Jeannette à Toulouse, nous n'avions de famille nulle part ailleurs en France et nous ne pouvions pas retourner à Toulouse.

« Au moins ici les gens nous protègent, marmonna Papa. Est-ce qu'on pourrait trouver une communauté comme celle-ci ailleurs ? »

Au matin, mes parents avaient élaboré un plan. Papa allait partir seul, peut-être pour quelques mois. Ni lui, ni Maman ne me diraient où il irait. Je savais que c'était un endroit que la Résistance lui avait trouvé. Mes parents affirmaient que c'était un lieu sûr où la Milice ne le chercherait pas.

Chapitre 9 : Un voyage en voiture
à la campagne

Nous sommes restés chez les Valat une ou deux semaines de plus. Maintenant que nous devions nous cacher, Maman me gardait à la maison, même si Madame Sachs ne pouvait plus venir me donner de leçons particulières. Elle avait très peur, elle aussi, d'être découverte et déportée.

Quand le pasteur est venu voir Papa chez les Valat, j'ai compris que c'était lui qui était chargé de s'occuper de son départ. Ils parlèrent pendant une heure dans la cave. Pendant ce temps, Maman et moi, nous sommes restées avec Madame Valat dans la cuisine et je l'ai aidée à faire du pain. Bien que Maman m'ait expliqué que le pasteur allait trouver un lieu sûr pour Papa, je me suis mise à le détester de vouloir nous séparer de lui, et dès qu'il est parti, j'ai commencé à pleurer.

Papa est monté dans la cuisine et s'est assis à côté de moi à table. Il m'a dit que s'il restait avec nous plus longtemps, il aurait des problèmes avec les autorités qui recherchaient tous les hommes juifs. Le pasteur lui avait fait comprendre que Maman et moi serions plus en sécurité s'il n'était pas là.

« Où iras-tu, Papa ? lui ai-je demandé, en essuyant mes larmes.

— Dans une ferme. Je vais vivre chez un fermier dans les montagnes.

— Benno ! s'écrie Maman, tu ne devrais rien lui dire ! Si quelqu'un lui demande où est son père...

— On lui a déjà demandé une fois et elle s'en est très bien sortie, n'est-ce pas ? dit Papa en souriant. Je préfère qu'elle sache où je suis plutôt que de se poser sans cesse des questions. Elle sait qu'il ne faut rien dire, dit-il pour la rassurer.

— Est-ce que Maman et moi pouvons venir avec toi à la montagne, Papa ? » Je n'avais jamais habité à la montagne et j'étais lasse de vivre dans la cave des Valat. « Peut-être que nous pourrions habiter dans notre propre maison ?

— Ce serait trop difficile pour nous de voyager ensemble, m'explique Papa. De plus, ce fermier n'a pas assez de place pour toute la famille. Toi et Maman, vous serez en sécurité ici, et les Valat et les Fédou s'occuperont de vous. Une fois que la guerre sera finie, je viendrai vous chercher, et nous pourrons vivre où nous voudrons.

— Et si la guerre ne finit pas ? »

Madame Valat se mit à rire. « Elle se terminera bientôt, Renée. On entend les nouvelles à la radio. Ne t'inquiète pas, ton Papa reviendra sain et sauf. »

Les paroles de Madame Valat ne m'avaient pas rassurée. Ce soir-là, après le dîner, je regardais Maman emballer les affaires de Papa. Assise dans un coin sur un sac de pommes de terre, je me mis à pleurer, ne sachant pas si je le reverrais. Peut-être qu'il ne reviendrait pas. Comment savait-il qu'il pouvait faire confiance au pasteur ?

Madame Valat descendit du fromage, du pain et des noix pour le voyage de Papa. M. Valat, venu nous rejoindre un peu plus tard, lui donna une bouteille de bon vin et quelques livres de sa collection qu'il pourrait lire à la ferme. Papa lui dit qu'il avait encore du mal à lire en français, mais il accepta le vin avec grand plaisir.

Avant de me coucher, Papa me raconta une longue histoire que je n'avais encore jamais entendue auparavant. C'était l'histoire d'une personne qui portait le même nom que moi — Ruth — et qui avait vécu il y a très longtemps. Je me demandais comment cette femme pouvait s'appeler Ruth, parce que nous n'avions jamais rencontré quelqu'un portant ce nom-là en France. Dans l'histoire, Ruth était mariée à un Hébreu de Bethléhem en Judée. Il vivait dans le pays de Moab avec son frère et leur mère parce qu'une famine avait sévi dans leur pays, les obligeant à s'installer dans une autre terre. Après le décès de son mari, Ruth décida de suivre sa belle-mère, Noémi, en Judée. Elle quitta ses propres parents et son pays natal pour aller vivre parmi un peuple qu'elle ne connaissait pas — le peuple de son mari. Dans ce nouveau pays, Ruth fut respectée et honorée par tous ceux qui firent sa connaissance, et plus particulièrement par un membre de la famille qui s'appelait Boaz. Lorsque Ruth épousa Boaz et lui donna un fils, Noémi remercia Dieu d'avoir à nouveau une famille. Cet enfant, Obed, allait devenir le grand-père du célèbre Roi David.

Quand Papa eut terminé son histoire, il m'embrassa et me dit qu'un jour, je comprendrais pourquoi il me l'avait racontée ce jour-là. J'avais entendu parler du Roi David, mais pas des autres personnages. J'étais trop fatiguée pour lui poser des questions et je m'endormis très vite.

Le lendemain, quand je me réveillai, il était parti.

Quelques jours après le départ de Papa, Madame Valat nous assura qu'il n'y avait plus rien à craindre et que nous pouvions retourner dans notre appartement. Au crépuscule, après avoir emballé nos vêtements et remercié les Valat une dernière fois, nous nous sommes mises en chemin. Notre appartement était propre, car les Fédou s'en étaient occupés pendant notre absence. Maman et moi vivions à nouveau seules, séparées de Papa, comme à Alençon trois ans auparavant. C'est à ce moment-là que j'ai commencé à faire des cauchemars. Je me réveillais en sursaut, allongée dans cette pièce obscure, dans le silence le plus total.

Les volets verts étaient clos avant même le coucher du soleil, et les ombres familières de la rue s'estompaient. La pièce se transformait alors en un espace vide et étouffant qui me rappelait la cave des Valat. Une nuit, je me réveillai et, mes yeux s'habituant peu à peu à l'obscurité, j'aperçus Maman : assise à la table de la cuisine, les mains croisées et la tête baissée, elle bougeait à peine. Elle ne savait pas que je la regardais. Je compris tout de suite qu'elle était inquiète pour Papa.

En son absence, c'était à elle que revenait la lourde charge de s'occuper de moi et de me protéger. Pendant cette période, Monsieur Fédou s'absentait souvent et nous ne pouvions jamais compter sur sa présence ; quelquefois lui aussi devait se cacher. Mon oncle vivait trop loin — dans le village voisin — et nous ne pouvions pas non plus compter sur lui. Madame Fédou avait dit à Maman que la Milice commençait à arrêter des femmes et des enfants dans la région. Lorsque je posais des questions à Maman sur la police, elle arrivait à me convaincre que nous étions en sécurité. « Tant que je serai là, Renée, personne ne pourra te faire de mal ou t'emmener loin de moi », me promettait-elle.

Un après-midi, Madame Kahn et Tante Hanna sont venues rendre visite à Maman. Emmy et Evelyne étaient avec elles, et nous jouions toutes les trois par terre pendant que Maman discutait avec ses amies. Je n'écoutais pas vraiment leur conversation, mais je l'ai entendue parler à Madame Kahn du départ de Papa pour la ferme. J'entendis « Espéreusse, dans la Montagne Noire » et je réalisai que cela devait être l'endroit où Papa se cachait. Madame Kahn mentionna un autre endroit dont elle avait entendu parler, mais je ne faisais plus attention. Je me souviens de bribes de leur conversation, de mots qui étaient étrangers et indistincts, de mots comme « le couvent et les religieuses » que je ne comprenais pas. Maman écoutait en me regardant intensément ; elle commença par secouer la tête, comme si elle refusait de considérer la proposition que lui faisaient Tante Hanna et Madame Kahn. Puis je l'entendis dire : « Je vais y réfléchir, oui... Mais j'ai du mal à croire que je vais en être réduite à ça. » La nuit tombant, Madame Kahn et Tante Hanna retournèrent à pied à Saint-Juéry avec leurs enfants. Juste après leur départ, Maman prépara mon dîner et me dit que je devais me coucher tôt ce soir-là. Je trouvais ça bizarre, d'autant que depuis notre séjour chez les Valat, on me permettait de veiller beaucoup plus tard.

Au cours de la nuit, j'entendis des bruits de pas sur le plancher en bois et je sentis la présence de Maman près de mon lit. Je savais qu'elle me regardait, mais elle ne savait pas que j'étais éveillée et je me gardais bien d'ouvrir les yeux. Elle remonta le drap pour couvrir mes épaules, puis elle s'allongea à côté de moi. Je ne l'entendais même pas respirer ; c'était comme si elle voulait faire le moins de bruit possible pour ne pas me réveiller. Au bout d'un moment, comme je me retournais, elle me prit dans ses bras et me serra très fort contre elle. Je tendais la main pour toucher son visage. Il était mouillé de larmes. « Dors », murmura-t-elle.

Le lendemain matin, j'allais à la pompe tirer notre eau. Cette charge, autrefois attribuée à Papa, m'était revenue lorsqu'il ne pouvait plus sortir dehors. Maman m'avait interdit de parler à quiconque sur le chemin de la pompe, et je ne devais surtout pas dire ce qui était arrivé à Papa. Aux gens qui me posaient la question, je devais répondre que Papa avait été pris par la Milice au cours de la dernière rafle.

Ce matin-là, Maman et moi avions fait notre toilette dans la cuvette de l'appartement comme d'habitude ; puis je l'avais aidée à laver le plancher. C'est au moment où nous finissions de nettoyer la chambre qu'elle me demanda ce que j'avais envie de faire ce jour-là. Et avant même de lui avoir répondu, elle me dit que les Kahn partaient en vacances et qu'ils m'avaient invitée à les accompagner.

« Et toi ? ai-je demandé à Maman.

— Moi, je serai ici lorsque tu reviendras, me dit-elle.

— Quand est-ce que je reviendrai ?

— Je n'en suis pas sûre. Cela dépendra des Kahn. » Maman détourna la tête et commença à plier mes vêtements. « C'est à environ 150 km. C'est à la campagne. Tu vas aimer la route pour y arriver, Renée. »

Je pensais que ça devait être très loin d'Arthès. « Est-ce près de l'endroit où se trouve Papa ? »

Maman se mit à rire. « Non, Renée. Mais tu n'as pas envie de partir en vacances avec Emmy ? Tu pourras à nouveau jouer dehors. » Maman me dit qu'Emmy était une bonne amie et que je devais l'accompagner puisqu'elle avait eu la gentillesse de m'inviter. J'acceptai donc l'invitation.

Après avoir emballé un certain nombre de vêtements dans un sac, Maman me brossa les cheveux. C'est drôle, mais il ne m'est jamais venu l'idée de lui demander pourquoi elle emballait tant de vêtements alors que ces vacances ne devaient durer que quelques jours.

Il était temps de partir pour Saint-Juéry. Nous marchions « normalement », sans avoir à courir de maison en maison pour nous cacher, et je trouvais ça étrange. Comme je n'avais ni frère ni sœur, j'étais contente à l'idée de passer du temps avec Emmy et Jean-Claude. Lorsque nous sommes arrivés chez les Kahn, Tante Hanna était déjà là, mais il n'y avait ni Oncle Oscar, ni Raymonde, ni Evelyne. Je me demandais pourquoi ils ne partaient pas en vacances avec nous.

Une petite voiture noire était garée dans la rue devant la maison des Kahn. Je ne l'avais jamais remarquée auparavant et soudain j'ai eu peur qu'elle appartienne à un soldat allemand. Mais Maman ne semblait pas s'inquiéter. Comme nous approchions, j'ai vu Emmy et Jean-Claude assis sur le siège arrière. Madame Kahn avait dû elle aussi emballer beaucoup de choses parce qu'il y avait plein de sacs dans la voiture. Emmy portait même plusieurs vêtements superposés, alors qu'il faisait chaud, et au dernier moment Maman retira un pull de mon sac et me le mit autour des épaules. Les yeux pleins de larmes, elle m'embrassa en disant : « Fais attention à toi et sois gentille, Ruth. » Elle mit la main devant la bouche.

« Maman !

— Bonnes vacances », cria-t-elle en essayant de sourire.

Madame Kahn se hâta vers la voiture, ouvrit la portière et s'assit au volant. Un instant plus tard la voiture démarrait. Maman et Tante Hanna nous ont fait des signes d'adieux en nous souhaitant de bonnes vacances jusqu'à ce que la voiture tourne en direction d'Albi. Comme je pensais revoir Maman dans quelques jours, je ne me suis même pas retournée pour voir une dernière fois son visage.

Madame Kahn était une jolie femme loquace, mais j'avais remarqué au cours des dernières visites avec Maman, qu'elle était toujours nerveuse et préoccupée. Et j'avais l'impression que c'était encore pire ce matin-là à la façon dont elle s'accrochait au volant, en regardant constamment à droite et à gauche.

« Où as-tu eu cette voiture, Maman ? » demanda Jean-Claude.

Madame Kahn lui répondit que quelqu'un de la Résistance nous l'avait prêtée pour la journée.

« Mais comment rentrerons-nous à la maison alors ? lui demandais-je.

— Ne t'en fais pas, Renée. Quelqu'un viendra nous chercher. »

Nous avons roulé en direction d'Albi pendant un certain temps. Je voyais défiler les panneaux indiquant le kilométrage nous séparant de cette grande ville. J'ai peu de souvenirs de ce voyage en ce mois de novembre particulièrement chaud. Je parlais et je riais avec Emmy et Jean-Claude et nous jouions à des jeux de devinettes. À un moment, Madame Kahn nous demanda de baisser la voix ; elle devait se concentrer sur la route. Elle jetait parfois un coup d'œil sur un morceau de papier sur lequel on lui avait dessiné un plan.

La route était bordée de champs brunis qui tout à coup prirent vie au bruit de la voiture et une mer de papillons jaunes s'envola, poussée par une forte brise. De grosses vaches broutaient tranquillement, et au loin des herbes folles et des fleurs sauvages frissonnaient dans le vent. Madame Kahn scrutait la route tout en écartant de son visage de longues mèches de cheveux roux. Elle avait porté des lunettes avant la guerre, mais elle les avait perdues pendant qu'elle se cachait, et à présent elle n'avait pas les moyens de s'en acheter une nouvelle paire.

Elle roulait très vite comme si on la suivait. L'homme qui lui avait prêté la voiture travaillait à la poste d'Albi. Ses collègues ne savaient pas qu'il faisait partie du réseau de la Résistance. Il avait averti Madame Kahn des contrôles de police sur la route ; peu de gens roulaient en voiture à ce moment-là, et ceux qui le faisaient avaient les plus grandes difficultés à trouver de l'essence. En général, les voitures étaient utilisées par les représentants du gouvernement ou par des collaborateurs qui n'avaient aucun problème à obtenir des rations d'essence par les Allemands. Si Madame Kahn était arrêtée par la police, elle devait dire que son ami de la poste lui avait loué la voiture pour rendre visite à un parent souffrant. Les Kahn avaient de faux papiers, et l'homme de la poste avait fourni illégalement à Madame Kahn un laissez-passer spécial pour pouvoir conduire la voiture.

Je ne me souviens plus à quel moment je réalisai que je ne savais même pas où nous allions. Je n'étais jamais partie en vacances auparavant, mais il semblait important d'arriver rapidement à notre destination. Je ressentais soudain comme un grand malaise. Pourquoi Maman ne m'avait-elle pas dit pour combien de temps je partais ?

Alors que nous traversions Albi, je vis par la vitre de la voiture les toits de briques rouges des maisons et l'énorme Cathédrale Sainte-Cécile. C'était la cathédrale devant laquelle nous étions passées en traversant Albi dans l'obscurité du premier soir de notre arrivée. La cathédrale ne ressemblait à aucun autre bâtiment que j'avais vu auparavant ; elle était construite entièrement en briques, et on aurait dit qu'elle était entourée d'une forteresse. La voiture roulait sur une route pavée en direction de la grande place. Madame Kahn avait l'intention de s'arrêter devant la cathédrale, mais je ne savais pas pourquoi. Une fois la voiture garée sur le côté, elle nous demanda de descendre rapidement, et nous poussa vers un grand escalier composé de larges marches de pierres menant à une grande porte en bois. Depuis le haut des escaliers, nous pouvions voir toute la ville d'Albi et au loin, le Tarn.

« Dépêchez-vous, les enfants. Nous n'avons pas beaucoup de temps, dit Madame Kahn.

— Qu'est-ce qu'on fait ici ? demanda Jean-Claude.

— Je veux vous montrer quelque chose. »

L'intérieur de la cathédrale était immense. Nos pas résonnaient sur le sol tandis que nous traversions la nef. J'avais l'impression de me retrouver dans l'église sombre et caverneuse de Toulouse, où Jeannette et moi avions l'habitude de nous cacher. Madame Kahn semblait savoir exactement ce qu'elle voulait nous montrer. Après être passés devant de grandes fresques et d'imposantes peintures, nous nous sommes arrêtés devant la statue d'une femme portant une longue robe et une couronne. Cette statue n'était pas toute blanche, comme celle de l'église de Toulouse, mais peinte de différentes couleurs. Elle était très belle.

Madame Kahn murmura : « C'est la statue de la Reine Esther, mes enfants. Vous connaissez l'histoire d'Esther, celle qui a sauvé les Juifs exilés du massacre organisé par le terrible Haman. » Elle s'adressait en fait à Jean-Claude qui, plus âgé que nous, connaissait bien l'histoire. « Haman a essayé de détruire les Juifs, comme les nazis sont en train de le faire maintenant. C'est grâce à la Reine Esther que nous célébrons la Fête que nous appelons Pourim, continua-t-elle. Vous souvenez-vous de Pourim? »

Nous avons fait un signe de tête affirmatif, mais moi, bien évidemment, je n'avais aucun souvenir de Pourim. Madame Kahn nous parlait à voix basse et jetait des regards furtifs autour d'elle pour s'assurer que personne n'écoutait. Mais la cathédrale était vide et nous étions invisibles dans l'ombre.

« Quoiqu'il arrive, a continué Madame Kahn, rappelez-vous que vous êtes juifs. Ne parlez de ça à personne, mais ne l'oubliez jamais. Soyez-en fiers comme la Reine Esther l'était. »

Elle nous fit sortir rapidement de la nef et c'est en courant que nous avons descendu les marches menant à la voiture. Personne ne faisait attention à nous. À nouveau au volant, Madame Kahn suivit une des routes principales pour sortir de la ville. Nous avons traversé le « Vieux Pont », le plus vieux pont de France. Tandis que nous roulions, je me demandais pourquoi elle avait tenu à s'arrêter dans cette cathédrale pour nous montrer la statue d'Esther. D'après moi, il était plus prudent d'oublier complètement que nous étions juifs. Les Juifs avaient visiblement des problèmes et ils étaient pourchassés. Si Haman avait essayé de s'en débarrasser, et qu'à présent les nazis, sous Hitler, voulaient en faire autant, je trouvais donc qu'il valait mieux ne pas être juif. Nous avions des faux papiers, et en faisant semblant de ne pas être juifs, nous pouvions rester en vie. Jeannette avait insisté plusieurs fois sur le fait que je ne devais jamais, au grand jamais, admettre que j'étais juive. Dans mon for intérieur, j'avais décidé d'oublier ce que Madame Kahn avait dit.

On voyait maintenant des panneaux pour Castres et Carcassonne. Je me redressais pour regarder par la vitre. Je devais me souvenir de tous les détails du voyage au cas où j'aurais à retrouver mon chemin pour retourner à la maison. Si nous n'avions pas cette voiture pour rentrer, il nous faudrait peut-être marcher ou quelqu'un pourrait nous conduire. Je devais me souvenir d'autant de points de repère que possible. J'entendis soudain un éclat de rire perçant venant du siège arrière. Jean-Claude était en train de faire d'horribles grimaces à Emmy, qui riait aux éclats en essayant de ne pas regarder. Leurs rires m'ennuyaient, je voulais rentrer chez moi. Je me rappelais les paroles austères de Maman au cours des quelques jours après le départ de Papa.

« Tu dois bien te conduire, Renée. Tu dois jouer tranquillement et rester près de la maison. Je ne veux pas te voir dehors pendant plus de cinq minutes. »

Je lui avais désobéi plus d'une fois. Il y avait un ruisseau qui coulait derrière notre rue, et j'y allais parfois pour jouer parmi les pierres. Lorsque Maman finit par découvrir où je me trouvais, je vis sur son visage un mélange d'angoisse et de soulagement. « Je n'ai pas pu m'en empêcher, Maman, lui dis-je, je voulais jouer un peu dehors. » À partir de ce jour-là, elle ne me quitta plus des yeux. Je passai la journée du lendemain à faire mes devoirs, enfermée à la maison. Pourquoi ne pouvais-je pas jouer dehors comme les autres enfants du village ? Et maintenant, assise à côté de Madame Kahn dans cette voiture, j'aurais voulu pouvoir rassurer Maman et lui dire que je ne jouerais plus jamais près du ruisseau. Mais c'était trop tard, il me faudrait attendre avant de lui faire des promesses.

Madame Kahn arrêta la voiture le long d'une route bordant un bois. Elle nous dit que nous n'avions que quelques minutes pour déjeuner. Elle regardait constamment sa montre. Je voyais qu'elle était fatiguée de conduire. Elle avait mal aux yeux, disait-elle. À l'arrière de la voiture se trouvait un vieux rideau que quelqu'un avait laissé ; nous l'avons étendu sur l'herbe et nous nous sommes assis pour manger le pain et le fromage que Madame Kahn avait apportés pour le voyage. Nous étions fatigués et nous avions soif, mais il restait très peu d'eau.

« Où allons-nous? demanda Emmy à sa mère.

— À la campagne, répondit Madame Kahn, impatiente de repartir. Vous vous y plairez. C'est un endroit sûr.

— Pourquoi Papa ne nous a-t-il pas accompagnés ?

— Il avait autre chose à faire aujourd'hui. »

Jean-Claude partit en courant dans le bois. Madame Kahn se leva et l'appela. Comme il ne revenait pas, elle partit à sa recherche. Quelques minutes après, ils étaient de retour et Jean-Claude, tête baissée, avait une triste expression sur le visage. Je crois que Madame Kahn lui avait dit où elle nous conduisait et elle lui avait fait promettre de ne rien nous dire. Emmy et moi, nous nous sommes regardées sans parler pendant que nous finissions de manger notre pain. Quelque chose n'allait pas — nous le sentions — mais nous avions peur de poser des questions, peur même de deviner ce qui allait nous arriver. Tout ce que je savais, c'est que Maman n'était pas là et que je n'aurais jamais dû la quitter. Et si elle partait chercher Papa sans moi ? Peut-être essayaient-ils de se débarrasser de moi ?

Nous nous sommes levés, avons secoué le rideau et sommes remontés dans la vieille voiture noire. Jean-Claude s'est assis sur le siège avant à côté de sa mère ; je me suis installée à l'arrière avec Emmy. Nous n'allions croiser aucune autre voiture sur des kilomètres. Quelques temps plus tard, Madame Kahn, qui devait penser que nous deux, nous dormions, se tourna vers Jean-Claude, et je l'entendis lui dire à voix basse : « Il va te falloir être très courageux à présent et prendre bien soin de ta sœur, Jean-Claude. » La peur m'envahit et je fermai les yeux. Et qui allait s'occuper de moi ?

Je suis appuyée contre la vitre de la voiture. Elle est légèrement ouverte et une brise légère me caresse le visage. Je veux me redresser et regarder où nous sommes, mais je suis trop fatiguée. Nous roulons depuis ce matin, et nous n'allons plus nous arrêter. Pas avant d'être arrivés à destination, a dit Madame Kahn.

J'ai raté de nombreux points de repère parce que je me suis endormie, et maintenant je ne sais plus comment je vais faire pour retrouver le chemin de la maison. Il va falloir que quelqu'un m'aide. Peut-être que Jean-Claude pourra le faire tout en s'occupant d'Emmy. Chaque fois que je ferme les yeux, je vois Maman debout dans la rue, me faisant des signes. Mais je n'arrive pas à voir le visage de Papa sauf quand je n'y pense pas. Parfois lorsque je suis occupée à quelque chose, son visage m'apparaît et je sais que c'est bien lui, mais dès que j'essaie de me souvenir à quoi il ressemble, il disparaît à nouveau. J'espère que ça ne m'arrivera pas avec Maman. Je suis même capable de voir l'imprimé lumineux de sa robe : des petites fleurs bleues et vertes. Elle allait me faire une robe du même tissu et elle disait qu'il me fallait de nouvelles combinaisons.

Emmy vient de se réveiller. La voiture ralentit. Elle se penche par la vitre. Un panneau indique « SORÈZE ». Nous roulons doucement dans la grande rue, car nous allons bientôt tourner dans une rue beaucoup plus étroite. On voit au loin une colline, mais l'herbe n'est plus verte.

Madame Kahn arrête la voiture. « C'est ici que je dois m'arrêter. Les religieuses vont bientôt venir nous chercher. » Je me demande de quoi elle parle. Jean-Claude se redresse. Il est nerveux. Nous regardons tous dans la même direction, vers le bas de la rue. Au loin, je vois une cour entourée d'un mur de pierre très haut, et derrière un grand bâtiment également en pierre avec de longues fenêtres étroites. Elles sont en verre de couleurs différentes. Jean-Claude s'exclame : « On dirait un château ! » Un homme à bicyclette passe devant notre voiture et fait signe à Madame Kahn. Je ne sais pas à ce moment-là qu'il fait partie de la Résistance et qu'il s'est tenu non loin de là pour s'assurer que la voie était libre, avant de nous faire signe de descendre.

Madame Kahn est la première à sortir. « Venez, Emmy et Renée », dit-elle fermement en ouvrant la portière. J'ai peur de la regarder. Je la vois prendre mon sac de vêtements. Elle me le tend.

« Où sommes-nous, Maman? » demande Emmy.

Madame Kahn caresse ses cheveux et se penche pour boutonner son pull. « Je dois vous laisser ici pour quelque temps, Emmy. Tu seras en sécurité avec Jean-Claude. C'est un couvent et les religieuses vont prendre soin de vous jusqu'à ce que je vienne vous chercher.

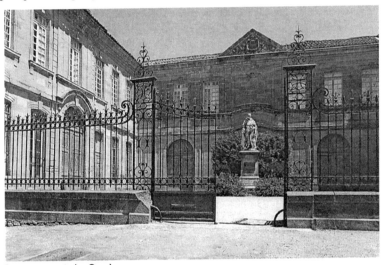

Le couvent de Sorèze – S.A. APA POUX - ALBI

— Mais Maman ! s'écrie Emmy, pourquoi ne viens-tu avec nous ?

— Je n'ai pas la permission d'entrer aujourd'hui. Ne t'inquiète pas. Tu ne seras pas seule. Je viendrai te rendre visite. Dès que ce sera plus sûr, vous pourrez rentrer à la maison. »

Madame Kahn s'adresse uniquement à Emmy. Alors au début, je crois que je ne vais pas rester. Je vais enfin pouvoir retourner chez Maman. Mes jambes tremblent. Je ne me sens pas bien.

Emmy s'élance vers sa mère et s'accroche à elle. Elle pleure. Je commence à pleurer également. Jean-Claude a les mains dans les poches. Il ne dit rien. Il doit être courageux.

« Je serai sage, Maman, crie Emmy, s'il te plaît pouvons-nous rentrer avec toi ? »

Mais Madame Kahn se penche vers Emmy, la prend dans ses bras et nous dit d'un ton vif : « Prenez vos bagages et suivez-moi. On ne doit pas nous voir. Dépêchez-vous ! »

Je veux poser des questions au sujet de Maman. Quand pourrai-je la voir ? Pourquoi ne m'a-t-elle pas amenée elle-même ici ? Mais c'est trop tard. Madame Kahn me prend par la main et Jean-Claude nous suit sur le trottoir. Emmy s'est arrêtée de pleurer. Nous arrivons devant une porte en bois au milieu d'un mur en pierre. Jean-Claude tire la sonnette. Un homme ouvre le portail et dit que nous sommes attendus. « Les sœurs sont en train de terminer les prières de l'après-midi », dit-il. Il porte de vieux vêtements ; ça doit être le jardinier. Puis arrive une dame. Elle est tout en noir — une longue robe noire en tissu épais et un voile noir sur la tête. On dirait qu'elle n'a pas de cheveux. Les manches de sa robe sont longues et larges.

Je lâche la main de Madame Kahn et je recule de quelques pas. Elle pose Emmy par terre, puis nous pousse tous les trois en avant en s'adressant à la dame en noir. « Voici mes enfants, dit-elle, en essuyant les larmes de son visage, Emmy et Jean-Claude. »

La dame hoche la tête en souriant et son voile vole dans le vent. Je n'ai jamais vu quelqu'un habillé de la sorte. Je ne sais pas quoi faire. Je pourrais m'enfuir dans les champs. Je me retourne et m'apprête à courir lorsque Madame Kahn me dit : « Viens ici. » Elle me prend par la main. « Voici mon autre fille, Renée. Elle est un peu triste. Elle ne comprend pas. »

Je regarde Madame Kahn. Pourquoi a-t-elle menti ? Je ne suis pas sa fille. Est-ce qu'elle m'aurait kidnappée ? Je n'arrive pas à bouger ; mes jambes sont faibles. Je veux partir en courant dans la rue ou me cacher derrière les arbres, mais je sens que je vais tomber. La dame me prend par la main. Madame Kahn embrasse Emmy et Jean-Claude une dernière fois, et elle leur dit qu'elle les verra dimanche. Elle ne m'embrasse pas. Est-ce que la dame pense que c'est étrange ?

« Viens avec nous ! », s'écrie Emmy, mais sa mère se hâte déjà vers la voiture. Elle ne m'a même pas dit quand je reverrai Maman. Elle nous a laissés dans la rue. J'entends la voiture qui démarre et s'éloigne.

La dame nous pousse pour que nous entrions, et nous nous retrouvons au milieu d'une cour. Elle verrouille la porte derrière nous.

« Suivez-moi, les enfants », dit-elle. Elle a une voix douce. Comment s'appelle-t-elle ? Personne ne nous le dira jamais.

Nous marchons d'un pas rapide sur le sentier qui entoure la cour. Il est recouvert de gravier et de cailloux blancs qui font du bruit à chacun de nos pas. Il n'y a personne d'autre dans la cour. La dame garde la tête inclinée. Ses bras sont repliés dans ses grandes manches noires. « Ne pleure pas, Emmy, dit-elle, tu seras en sécurité ici. Cela va te plaire. Nous allons bien prendre soin de toi. » Emmy et moi n'osons pas nous regarder. Nous nous tenons par la main.

Nous suivons la dame en direction d'un bâtiment qu'elle appelle un couvent. Tout est sombre à l'intérieur ; il y a des cierges dans de petits bougeoirs et quelques lampes accrochées au mur. Elle nous conduit à un banc en bois dans le parloir. « Attendez ici », dit-elle. Nous nous asseyons. Le plancher vient d'être ciré. La dame entre dans une pièce d'où nous entendons des voix. Elle parle de nous à quelqu'un. Je l'entends prononcer nos noms très lentement à l'autre personne. Sa voix est douce et légère.

Elle revient dans le hall en disant : « Voici Sœur Marie-Louise. » Elle se tourne vers une autre dame habillée de la même manière étrange. « Faites ce qu'elle vous demande, les enfants, et ne soyez pas effrayés. » Puis, la dame nous dit au revoir. Elle nous serre la main. Son voile noir tombe sur ses épaules comme des cheveux. Je la regarde dans les yeux et ils semblent me sourire, alors que je ne peux lire aucune expression sur son visage. Lorsqu'elle repart dans le couloir, le voile noir se balance de gauche à droite. C'est la Mère supérieure. Nous ne reparlerons pas avec elle pendant des semaines.

L'autre dame, Sœur Marie-Louise, prend nos bagages. Elles est très grande, avec un large visage et des sourcils sévères. « Suivez-moi, dit-elle, et pas de bavardage dans les couloirs. » Elle a un accent étrange. Nous découvrirons plus tard qu'elle vient d'Espagne.

Elle nous conduit à l'autre bout du couloir et nous montons un escalier. Elle nous dit que nous avons manqué les leçons de l'après-midi. « Vous serez dans ma classe », dit-elle à Emmy et à moi alors que nous nous engageons dans un passage étroit. « Allez Emmy, arrête de pleurer. Tu ne veux pas que tout le monde te prenne pour une pleurnicharde, n'est-ce pas ?

— Je veux rentrer chez moi ! Je veux Maman ! », lui dit Emmy. La dame secoue la tête. « Vous n'avez plus de parents, dit-elle.

— Mais si ! insiste Jean-Claude. Nous venons de quitter Maman dans la rue. Elle est repartie dans une voiture noire. Vous ne l'avez pas vue ? »

La dame s'arrête et regarde Jean-Claude avec une expression de colère sur le visage. « Ici, on ne raconte pas d'histoires, jeune homme. »

Jean-Claude ne répond pas, mais je devine qu'il déteste Sœur Marie-Louise. Elle prend Jean-Claude pour un menteur. Je lâche la main d'Emmy et je descends l'escalier en courant, mais une autre dame monte au même moment. Elle m'arrête et pose les mains sur mes épaules. « On ne court pas dans les couloirs, mademoiselle ! » Elle est également habillée tout en noir et elle me reconduit d'où je viens.

« Quelques-uns de nos nouveaux élèves ? demande-t-elle à Sœur Marie-Louise.

— Oui. Et pas très contents d'être ici. »

La dame opine de la tête.

« Emmenez le garçon à son dortoir, ordonne Sœur Marie-Louise. Je prendrai soin des filles. »

Nous ne savons pas ce que veut dire le mot « dortoir » et nous sommes terrifiées pour Jean-Claude. Un instant plus tard, il est parti. Nous avons peur de ne jamais le revoir. Nous ne posons pas de question à son sujet, car la dame pourrait nous dire que nous n'avons pas de frère. Sœur Marie-Louise nous prend par la main. Nous portons nos bagages. Elle nous conduit vers un autre couloir obscur. Nous entrons dans un nouveau bâtiment. On peut pénétrer dans ce bâtiment par l'intérieur, depuis le couvent. Les fenêtres dans le mur sont étroites et trop hautes pour que je puisse regarder dehors. Je sais que nous ne retrouverons jamais notre chemin pour sortir de cet endroit. Nous nous arrêtons devant une porte en bois. « C'est ici que vous dormirez », nous dit-elle.

Elle ouvre la porte avec une clé, accrochée à sa ceinture ; puis elle prend les bagages et nous conduit dans une longue pièce obscure. Il y a des rangées de petits lits blancs de chaque côté. Nous marchons jusqu'à l'autre bout de la pièce et Sœur Marie-Louise indique du doigt un des lits. « C'est le tien », me dit-elle. À côté du lit, il y a une petite table. Une armoire contre le mur sépare mon lit de celui de ma voisine ; je dois partager l'armoire avec quelqu'un d'autre. Le lit d'Emmy est à l'autre bout de la pièce, sous une fenêtre. Nous n'avons pas le droit de nous parler à moins d'une absolue nécessité. On va nous séparer. Je ressens un grand vide dans tout mon corps. La dame défait nos bagages et accroche les vêtements.

« Comment ? Tu n'as pas de manteau ? demande-t-elle. Seulement un pull ? »

Je fais oui de la tête.

« Ce n'est pas ainsi que tu dois répondre », me dit-elle. Son visage est sévère. « Tu dois dire : " Oui, ma Sœur, c'est tout ce que j'ai. "

— Oui, ma Sœur, répétais-je. Maman a oublié de me donner mon manteau.

— Ma chère enfant, tu ne dois pas parler de ta mère. Elle n'est plus là. Tu es orpheline ; c'est pour cela que tu es venue chez nous. C'est un orphelinat ici. »

Je ne dis rien. Qu'est-ce que c'est qu'une orpheline ? Mes yeux se remplissent de larmes.

« Et bien, continue Sœur Marie-Louise, je ne sais pas ce que tu feras lorsque viendra l'hiver. Nous devrons bientôt te trouver un manteau. Ici dans les montagnes, l'hiver est rude. »

À ces mots, j'ai envie de m'évanouir : « Lorsque l'hiver viendra. » S'imagine-t-elle que je vais rester ici aussi longtemps ? Ne réalise-t-elle pas que tout ceci est une erreur, que je n'ai rien à faire dans cet endroit ? Que dirait Maman ? Que Maman me dirait-elle de faire ?

« Maintenant, déshabillez-vous. Vous allez prendre chacune un bain avant le dîner. Toi d'abord », me dit-elle.

Au bout de la salle, il y a une porte blanche qui donne sur une autre pièce. Sœur Marie-Louise y entre, et nous entendons couler de l'eau pendant que nous nous déshabillons. Debout en sous-vêtements près de la porte, j'attends qu'elle m'appelle. Il fait si froid que je serre les bras contre moi pour essayer de me réchauffer. Sœur Marie-Louise sort et me tend une serviette et un gant de toilette. Elle me pousse dans la salle de bain, en laissant la porte entr'ouverte. La pièce est composée de deux parties : d'un côté, il y a une rangée de douches avec des rideaux ; de l'autre, il y a une baignoire remplie d'eau chaude.

« Dépêche-toi ! », dit la dame. Elle entend ce que je fais à l'intérieur.

J'entre dans la baignoire et je m'éclabousse d'eau. Il y a une savonnette sur le rebord. Je savonne mes genoux, mes bras, ma poitrine. Je commence à pleurer, mais je couvre mon visage avec le gant de toilette pour que la dame ne m'entende pas. Chez moi, Maman me lavait ; maintenant, je suis seule. Qui va s'occuper de moi ?

« As-tu fini ? » demande Sœur Marie-Louise avec son étrange accent. Je sors, enveloppée dans la serviette. « À toi », dit-elle à Emmy. Sœur Marie-Louise entre dans la salle de bain et nous entendons à nouveau l'eau couler pendant qu'Emmy finit de se déshabiller. Lorsqu'elle sort, elle pousse Emmy dans la salle de bain. Puis elle revient et remarque mes vêtements.

« Non ! Non ! Non ! crie-t-elle, tu ne remets pas les vêtements sales dans lesquels tu as voyagé. Tu viens de prendre un bain ! Tu dois mettre une robe propre pour le dîner ! » Elle cherche dans l'armoire à côté de mon lit. « Tiens, mets celle-ci », ordonne-t-elle. C'est une robe écossaise. Elle appartenait à Jeannette quand elle était petite. Tante Sophie me l'a donnée quand nous habitions encore à Toulouse. C'est ma robe préférée. Je pense à Jeannette et je sens presque sa présence auprès de moi quand je la porte. Sœur Marie-Louise me coiffe. Elle jette mes vêtements sales dans un panier par terre. Je me demande ce qui va leur arriver.

Lorsqu'Emmy sort, Sœur Marie-Louise l'aide à s'habiller et elle la coiffe. « Avez-vous faim, les enfants ? » nous demande-t-elle.

Nous secouons la tête.

Elle nous corrige : « Non, ma Sœur.

— Non, ma Sœur, répétons-nous.

— Bien, c'est presque le moment des prières et du dîner. Vous pouvez vous asseoir sur votre lit pendant quelques minutes et je viendrai bientôt vous chercher. » Elle sort de la salle. Je l'entends tourner la clé dans la serrure. Nous sommes enfermées.

Je me cache la figure dans l'oreiller. Je n'arrive pas à avaler. Est-ce que Maman viendra dimanche avec Madame Kahn ? Comment retrouverai-je mon chemin jusqu'à la cour avant dimanche ? Il va falloir que j'attende qu'il n'y ait personne. Je me promets de ne pas parler du tout pour ne pas avoir à entendre que je n'ai pas de parents, qu'ils sont morts.

Emmy vient près de mon lit. Nous pleurons toutes les deux.

« Qui va s'occuper de nous ? demande-t-elle.

— Je ne sais pas. »

Nous sommes assises toutes les deux au bord du lit, en attendant que Sœur Marie-Louise vienne nous chercher.

Nous nous tenons par la main ; nous parlons aussi calmement que possible.

« Je me demande ce qui va arriver à Jean-Claude.

— Je ne sais pas. Peut-être qu'il aura le droit de manger avec nous.

— Est-ce que tu crois que ta mère va revenir nous chercher dimanche ?

— Oui... C'est peut-être ça, nos vacances et ça ne va durer qu'une semaine. Je pense que dimanche, c'est le jour des visites. Après, nous rentrerons à la maison.

— J'espère parce que je ne me plais pas ici.

— Moi non plus ! »

D'autres enfants entrent dans le dortoir. Près de la porte, Sœur Marie-Louise les presse d'entrer. Nous ne disons pas un mot. Nous sommes debout près de mon lit et nous nous accrochons à son cadre métallique. Quelques-unes des filles se lavent les mains aux lavabos dans le coin éloigné de la salle. Elles rient entre elles. Sœur Marie-Louise insiste que toutes celles qui ne se sont pas lavé les mains le fassent. C'est la « mère de notre dortoir ». Elle contrôle les mains d'Emmy, puis les miennes et nous dit de nous mettre en rang avec les autres.

« Silence, s'écrie-t-elle, tout le monde en rang près de sa partenaire ! »

Elle nous demande de sortir le livre de prières du tiroir de notre table de nuit. Je ne sais pas ce qu'elle veut dire, mais je fais comme tout le monde. Il faut ensuite le garder dans la main droite et le presser contre la poitrine. Toutes les filles mettent un béret bleu sur la tête, mais Emmy et moi n'en avons pas.

Sœur Marie-Louise nous fait sortir. Nous descendons un escalier et traversons un long couloir obscur. C'est une longue marche. Je sais que nous sommes de retour dans le bâtiment qu'elles appellent le couvent. Les fenêtres sont différentes. Nous suivons ce couloir jusqu'à une porte en bois. « Chut, dit Sœur Marie-Louise. Je vous rappelle, mesdemoiselles, que nous allons pénétrer dans la maison du Seigneur. »

Tous les visages se transforment. Nous prenons toutes l'air solennel. Sœur Marie-Louise ouvre la porte et je devine que nous sommes à l'intérieur d'une église. Je sais à quoi ressemble une église, à cause de celle de Toulouse. Jeannette me disait toujours que c'était l'endroit le plus sûr de la ville pour se cacher. Il y a des bougies qui brillent dans le chœur de l'église et des statues posées dans les coins, comme celle de la Reine Esther dans la cathédrale. Toutes les fenêtres sont obscures ; il fait déjà nuit. Sœur Marie-Louise nous conduit vers la nef. Il y a des bancs en bois de chaque côté. Elle nous les montre et nous mène vers « notre banc ». Avant de nous asseoir, nous devons plier un genou et baisser la tête. Tout le monde fait un signe étrange de la main. Je n'en connais pas la signification, mais je me souviens que les gens de Toulouse faisaient la même chose en entrant dans l'église.

Sans un mot, Sœur Marie-Louise nous arrête, Emmy et moi. Elle s'incline et nous montre comment faire le signe étrange qu'elle appelle le « signe de la croix ». Il faut d'abord se toucher le front, puis la poitrine, puis l'épaule gauche et enfin l'épaule droite. Elle murmure : « Au nom du Père, et du Fils, et du Saint-Esprit, Amen. » Ensuite elle nous sépare. Emmy est assise dans la rangée de droite, et moi, dans celle de gauche.

Dès que nous sommes tous assis, une dame, qui se trouve dans le chœur de l'église, vient s'agenouiller devant l'autel. C'est la dame de cet après-midi, la Mère supérieure. Tout le monde l'imite et s'agenouille. Nous joignons les mains et la dame commence à chanter dans une autre langue. Nous devons chanter après elle, mais je n'arrive pas à trouver l'endroit dans le livre. Ma voisine me montre la ligne, mais je ne sais pas lire cette langue. « C'est du latin », me dit-elle. Je fais semblant de connaître les paroles qu'il faut chanter. Cela dure un long moment. D'abord c'est un côté qui chante, ensuite c'est l'autre. Tout le monde tourne la page dans le recueil de cantiques en même temps. La chanson est triste et je me demande pourquoi. Je sais maintenant comment Maman a dû se sentir à l'église avec Madame Fédou et Madame Valat.

Les prières terminées, nous marchons le long du couloir jusqu'au réfectoire, où le repas nous sera servi.

La salle à manger est très grande ; le plafond est plus haut que celui du dortoir. Les voix font écho dans la salle. Sœur Marie-Louise nous rappelle au silence en tapant des mains. Il y a de longues tables alignées en rangées. Les tables des garçons se trouvent tout au fond de la salle. Nous ne voyons Jean-Claude nulle part. Lorsque la cloche sonne, tout le monde se tait. Nous devons trouver une place à table, mais Emmy et moi ne savons pas où aller. Nous gênons tout le monde en essayant de trouver une place sur les bancs. Quand tous les enfants sont debout à leur place devant le banc, une autre cloche sonne et une autre sœur commence à parler d'une voix douce. Nous nous signons encore une fois. Nous joignons les mains et baissons les yeux. Emmy et moi faisons la même chose que les autres pour ne pas paraître différentes, mais nous ne savons pas ce que cela veut dire. Tout le monde dit « Amen. »

Une fois assis, après en avoir reçu la permission, on nous sert notre dîner. Personne ne parle. Je regarde mon assiette remplie de nourriture ; je n'ai jamais vu un repas aussi copieux et je me demande si c'est bien pour une seule personne. J'essaie de manger, mais j'ai du mal à avaler la purée de pommes de terre et les haricots que l'on m'a servis. Sœur Marie-Louise vient vers moi et murmure par-dessus mon épaule : « C'est un péché de gaspiller la nourriture. Tu dois finir ce que tu as dans ton assiette et boire ton lait. » Je dois continuer de manger. Même lorsque toutes les filles à ma table ont fini leur repas, je suis obligée de continuer jusqu'à ce que j'aie tout terminé. Il y a certains aliments que je n'ai jamais mangés auparavant. Mon assiette refroidit.

Enfin, la cloche sonne. Nous nous levons, poussons le banc et ensemble, nous récitons une autre prière. Nous sortons de la salle et suivons à nouveau le long couloir froid menant au dortoir. Toutes les filles rangent le livre de prières dans le tiroir de la table de nuit. Nous commençons à nous déshabiller et à nous laver. Je fais comme les autres. Je ne veux pas me faire remarquer. Il y a la queue à chaque robinet et je suis l'une des dernières à pouvoir me laver. Lorsque Sœur Marie-Louise a inspecté nos mains, nos oreilles et nos visages, nous nous dirigeons vers nos lits et je vois tout le monde s'agenouiller très vite. Au son d'une autre cloche, nous ouvrons à nouveau notre tiroir et toutes les filles en sortent une longue chaîne avec des perles blanches — mais moi, je n'en ai pas.

Je ne sais pas ce qu'elles font. Tout le monde se tourne face à une croix en bois accrochée au mur au-dessus de chaque lit. Il y en a une également au-dessus du mien. Je me tourne face à la croix, mais je n'ai pas les perles, alors je joins simplement les mains. Je regarde la croix. La silhouette d'un homme y est accrochée. Et toutes les croix dans cette salle sont pareilles. Il y a un long silence, et puis Sœur Marie-Louise et tout le dortoir récitent quelque chose à l'unisson. Je sens que Sœur Marie-Louise m'observe. Mon visage s'enflamme. Ce n'est pas de ma faute si je ne connais pas les prières.

Finalement, le silence revient. Nous nous signons une fois de plus. Puis, tout le monde remet la chaîne de perles dans son tiroir. La sœur nous dit quelque chose et nous avons ensuite le droit de replier le couvre-lit et de nous mettre au lit. La fille à côté de moi me dit : « Demain matin, il faudra que tu lui demandes un chapelet. » Je fais oui de la tête en faisant semblant de comprendre ce qu'elle me dit.

Les lumières s'éteignent et Sœur Marie-Louise sort du dortoir. Je me tourne pour me cacher la figure dans l'oreiller. J'ai peur que tout le monde m'entende pleurer. Elles vont rire et me traiter de pleurnicharde. J'attends un long moment, jusqu'à ce que je n'entende plus un son. Puis, je traverse la salle et j'ouvre la porte blanche où nous avons pris notre bain. Je la referme derrière moi et je me dirige vers l'une des fenêtres. Elles ne sont pas aussi hautes dans la salle de bain et je peux regarder dehors. Je vois des arbres en bas et une partie du mur de pierre. Il ne reste plus de feuilles sur les arbres. Je pense à Maman. Comment a-t-elle pu me faire ça ? Pourquoi m'a-t-elle envoyée dans cet endroit aussi effrayant ? Je dois être vraiment orpheline, sinon elle serait déjà venue me chercher. Je ne la reverrai jamais.

La fenêtre est glaciale et je sens le froid contre mon visage, sans même toucher la vitre. Je retourne dans la grande salle en tremblant et je grimpe dans le lit dur. Mais je n'arrive pas à dormir. Je n'arrive pas à m'endormir.

Chapitre 10 : Le couvent de Sorèze

Il faisait toujours froid au couvent de Sorèze. Les murs et le sol du dortoir étaient en pierre, et pendant les nuits de tempête, le vent froid hurlait à travers l'encadrement des fenêtres et les chevrons des combles. Il n'y avait qu'une couverture en laine par lit. Quelques jours plus tard, Emmy prit froid et alla à l'infirmerie. Une religieuse m'apporta un gros manteau d'hiver qui avait appartenu à une élève de passage. Je devais le porter pendant la récréation dans la cour intérieure.

Nous suivions un horaire quotidien strict. Sœur Marie-Louise nous réveillait tous les matins à six heures trente, et dès que nous étions lavées et habillées, on nous conduisait au premier étage pour mettre nos tabliers. Tous les matins, nous allions à la chapelle et nous assistions à la prière de « l'office divin » avec les sœurs. Puis nous prenions notre petit déjeuner au réfectoire. Les sœurs avaient déjà pris le leur bien avant. Je ne savais jamais comment suivre les prières dans le livre noir et je sentais toujours le regard des autres filles sur moi.

Toutes les pensionnaires du couvent étaient orphelines, ou plutôt c'est ce que nous pensions. Chaque fois que je demandais à l'une des sœurs quand je pourrais voir ma mère, elle me répondait : « Vous n'avez plus de mère, mademoiselle.Votre mère est au ciel avec Dieu. Les autres enfants ici sont des orphelins tout comme vous. Vous ne devez pas en avoir honte. On va s'occuper de vous ici. » J'ai fini par croire ce que disaient les sœurs. Pourquoi mentiraient-elles ? Elles continuaient à me répéter que je n'avais plus de parents, et au bout d'un certain temps, je me demandais si elles n'avaient pas raison.

Je ne pouvais ni manger, ni dormir pendant la première semaine.

Je ne me souviens plus de la nourriture qu'on nous servait au réfectoire ; je me rappelle seulement que je ne voulais pas manger. On m'a grondée plusieurs fois parce que je gaspillais de la nourriture. Pendant les leçons, j'avais des problèmes de concentration. Au début, les sœurs qui m'instruisaient étaient indulgentes, puis elles commencèrent à me faire des remontrances. « Faites attention, mademoiselle ! Suivez l'exemple de vos camarades. » Chaque fois que je prenais du retard, j'étais réprimandée par Sœur Marie-Louise. Elle venait à mon pupitre et me demandait mon cahier. Puis, elle m'ordonnait de tendre la main, ce que je faisais. Je tournais ma paume vers le haut en serrant les doigts, comme j'avais vu faire les autres filles. Ensuite, elle me tapait à plusieurs reprises sur les doigts avec sa règle. Je sentais mon visage rougir de honte, mes doigts piquer, mais je m'empêchais de pleurer.

Tous les matins, il y avait dans l'église principale ce qu'elles appelaient la « Sainte Messe ». La Mère supérieure avait expliqué à Sœur Marie-Louise que nous n'étions pas catholiques, et celle-ci avait passé un certain temps à nous expliquer la signification de cette messe.

Bien que nous n'étions pas supposées devenir nous-mêmes catholiques, les sœurs nous instruisaient tout de même dans leur religion. On nous apprit que, pour les catholiques, Jésus-Christ est le Fils de Dieu et qu'il est le Messie, venu au monde pour le réconcilier avec son Père. Jésus-Christ a souffert et est mort sur la croix, et c'est par son sacrifice que tous les pécheurs ont été rachetés. Les sœurs disaient que les péchés de chaque personne étaient pardonnés et que la relation de chacun avec Dieu le Père était restaurée par Jésus-Christ. On nous a dit que pendant la messe, le sacrifice du Christ est renouvelé ; le pain et le vin que le prêtre prépare devant l'autel deviennent le corps et le sang de Jésus-Christ. Au cours de chaque messe, les autres enfants montaient en procession jusqu'à la balustrade devant l'autel, et s'agenouillaient. Le prêtre s'approchait de chaque enfant, plaçait une gaufre blanche sur sa langue en disant « Corpus Christi [le corps du Christ] », et l'enfant répondait

« Amen ». Pour tous, c'était vraiment le corps et le sang de Jésus-Christ qu'ils recevaient au cours de la Sainte Communion.

Je me souviens être assise sur le banc, seule, regardant les autres filles devant la balustrade de l'autel. Elles retournaient ensuite à leur place, tête baissée et mains jointes. Chacune portait un voile blanc, mais on pouvait entrevoir leur visage à travers le tissu. C'était un moment solennel ; elles avaient reçu le corps du Christ. Une fois à leur place, elles se signaient et se couvraient le visage de leurs mains.

Emmy me manquait, surtout pendant la récréation. On nous faisait sortir dans la cour les jours où il ne pleuvait pas et une des sœurs, soit Sœur Victoire, soit Sœur Présentation nous surveillait. Les pensionnaires jouaient à cache-cache, à chat, ou à un jeu espagnol que les sœurs appelaient « commados ». Je n'étais jamais choisie lorsqu'elles constituaient des équipes, et comme Emmy était malade, je n'avais pas de partenaire et je ne pouvais pas participer aux jeux où il en fallait une. Je m'asseyais sous le châtaignier, sur un banc en pierre, et je regardais les autres jouer. La récréation des garçons était juste après la nôtre et parfois, j'apercevais Jean-Claude qui sortait par la porte principale, mais je ne pouvais jamais lui parler.

Un après-midi, j'ai vu une des filles glisser et tomber sur le gravier. Elle s'est relevée en pleurant ; son genou saignait. Elle fut conduite immédiatement vers un bâtiment du couvent au centre de la cour. Je devinais qu'il abritait aussi l'infirmerie. C'est là qu'on avait emmené Emmy. J'essayais d'imaginer un moyen d'y être moi-même envoyée.

Chaque matin, nous portions un tablier fraîchement amidonné qu'on nous avait ôté la veille, juste après le dîner. Nous récitions les prières du soir qu'on appelait vêpres dans la chapelle, et ensuite la prière du Rosaire avant le coucher. J'avais reçu un chapelet — un rosaire — de Sœur Marie-Louise, qui m'avait dit de le chérir. Elle disait que le Rosaire était une prière à Jésus, à travers Marie, sa Sainte Mère. Il y avait un crucifix au bout avec lequel nous nous signions. J'appris le « Je vous salue, Marie », le « Notre Père » et le

« Gloria ». Je suivais les prières automatiquement, pour être acceptée et ne pas me distinguer des autres. Parfois, Sœur Marie-Louise me souriait. On m'appelait une catholique dévote, mais je faisais seulement semblant, comme Jeannette et moi l'avions fait si souvent à l'église de Toulouse.

Un après-midi, pendant ces premières semaines et vers la fin de la récréation, je vis Jean-Claude qui sortait du bâtiment principal avec plusieurs autres garçons et le jardinier. Il avait été choisi pour ramasser les feuilles mortes et aider le jardinier à tailler les bordures et les arbustes. Lorsqu'il m'aperçut assise sur un des bancs de pierre, il vint vers moi et murmura : « Je pense que ma mère vient demain ; je te dirai ce qu'elle me racontera au sujet de tes parents. »

— Je crois que mes parents sont morts, dis-je.

— Pourquoi ?

— Parce que les sœurs m'ont dit que j'étais orpheline.

— C'est parce que c'est un orphelinat, grande bêtasse. On ne sait rien sur nous. On pense que nous sommes comme les autres pensionnaires. Fais ce qu'on te dit.

— Es-tu sûr, Jean-Claude ?

— Mais oui ! Rappelle-toi, la Mère supérieure a parlé à Maman dans la rue. Elle a dû oublier de dire aux autres religieuses qui nous étions.

— Est-ce qu'Emmy verra ta mère ?

— Je crois que oui. Maman doit se rendre au bâtiment principal et c'est là qu'Emmy se trouve. »

« Jeune homme ! » Sœur Marie-Louise cria depuis l'autre bout de la cour. « Allez travailler. » Elle tapa des mains et Jean-Claude rejoignit le jardinier en courant.

Le lendemain était un dimanche. Si je pouvais être envoyée à l'infirmerie, je verrais Madame Kahn. Elle ira certainement là-bas pour voir Emmy et Maman sera peut-être avec elle. Lorsque Sœur Marie-Louise m'a appelée, je me suis mise à courir vers elle. Dès que je suis arrivée sur le gravier, j'ai fait semblant de glisser et je suis tombée le plus loin possible sur les pierres. Sœur Marie-Louise est venue vers moi et m'a aidée à me relever.

« Est-ce que ça va, mademoiselle ? C'était l'une des chutes les plus gracieuses qu'il m'ait été donné de voir. »

Je me levai et regardai mon genou. Mon bas était déchiré, mais il n'y avait pas de sang, pas même une ecchymose.

« Je pense que vous vivrez, mademoiselle », dit Sœur Marie-Louise. Vous savez désormais qu'il ne faut pas courir. Mettez-vous en rang maintenant. »

Je regardai à nouveau mon genou et vis qu'il était rouge ; peut-être y aurait-il bientôt une ecchymose. Je boitai en me dirigeant vers la file. Sœur Marie-Louise me regarda en fronçant les sourcils.

« Est-ce que cela fait mal lorsque vous marchez ?

— Oui, madame. »

Elle se tourna vers Véronique, une élève plus âgée que moi. « Mademoiselle, lui dit-elle, conduisez-la à l'infirmerie et restez avec elle jusqu'à ce que son genou soit examiné par Sœur Victoire. »

Véronique sortit de la file et me conduisit au bâtiment principal. Du coin de l'œil, j'ai vu Jean-Claude qui me regardait. J'aurais voulu lui faire savoir que j'avais simulé toute l'histoire afin de pouvoir voir Madame Kahn le lendemain, mais je continuai toutefois à boiter.

Une fois à l'intérieur du couvent, je me souvins du foyer où nous avions été amenés le jour de notre arrivée, et du parloir avec ses tapis persans, où nous avions attendu Sœur Marie-Louise. Ce jour-là, les cierges ne brûlaient pas, et la porte de la pièce où la Mère supérieure avait parlé à Sœur Marie-Louise était fermée. Peut-être était-elle à l'intérieur. Ça devait être son bureau.

Véronique me prit par la main et me conduisit vers un grand escalier en bois. Ce n'était pas facile de faire semblant de boiter dans l'escalier, et chaque marche en bois grinçait et craquait sous nos pas. Une fois en haut, Véronique tourna à droite et se dirigea vers une porte étroite ; elle frappa, et l'infirmière, Sœur Victoire, nous ouvrit.

Dès que je suis rentrée, j'ai réalisé que je n'allais pas voir Emmy. Je me trouvais dans un bureau étroit, pas plus grand qu'un placard. Il y avait des pots et des boîtes de tampons d'ouate sur les étagères, ainsi qu'une armoire vitrée remplie de flacons de médicaments, à gauche du bureau. L'infirmière, voûtée par l'âge, portait des lunettes.

Sœur Victoire me dit d'enlever mes bas et elle examina mon genou. Elle souleva mon mollet en pliant la jambe, puis l'allongea en demandant : « Est-ce que cela te fait mal ? »

J'ai secoué la tête.

— Et ça ?

— Non, madame.

— Il n'y a pas de fracture, me dit-elle. Quand elle vit ma déception, elle rit et alla vers l'armoire à médicaments. « Très bien, je vais te mettre un pansement, dit-elle. Cela paraîtra plus grave.

— Merci, ma Sœur », dis-je.

Pendant qu'elle badigeonnait le médicament sur l'ecchymose et me bandait le genou, je vis Véronique se pencher et regarder par la fenêtre qui donnait sur la cour ; nous étions à l'avant du bâtiment. Elle attendit que Sœur Victoire ait fini de me soigner la jambe, puis elle murmura : « Regardez, ma Sœur, ce sont les Allemands. »

Sœur Victoire se dirigea vers la fenêtre. « Oh, mon Dieu ! dit-elle en se signant. Les nazis ! »

Des soldats nazis avaient dû pénétrer dans le bâtiment. Je ne pouvais pas voir ce qui se passait dans la cour et je n'avais aucune idée de leur nombre. Curieusement, je n'avais pas peur. Sœur Victoire me dit de remettre mes bas. « À présent, mesdemoiselles, dit-elle, retournez vite dans vos salles de classe. »

Elle nous reconduisit dans le couloir. Je n'eus même pas le temps de chercher la porte de l'infirmerie. Je n'avais aucune idée de l'endroit où Emmy pouvait se trouver, mais j'étais sûre qu'elle était à cet étage. Après nous avoir quittées, Sœur Victoire entra dans une pièce située à gauche de son bureau.

Véronique et moi, nous nous sommes précipitées vers l'escalier. Arrivées en bas, nous avons entendu des voix d'hommes — allemands — provenant de la pièce à droite ;

c'était sans aucun doute le bureau de la Mère supérieure. Les nazis, étaient-ils venus nous chercher, Emmy, Jean-Claude et moi-même ? me demandais-je. Maintenant, tout le monde allait savoir que j'étais juive. Je devais peut-être essayer de m'enfuir ?

« Plusieurs couvents ont déjà été bombardés, dit un officier en français. Vous réalisez certainement que vous pourriez fort bien subir le même sort. »

Je levai les yeux vers Véronique. Elle s'était arrêtée près du foyer et écoutait. Elle me regarda et mit son doigt sur les lèvres.

« Je vous assure, répliqua la Mère supérieure, que nous n'avons aucun enfant juif dans ce couvent. C'est un orphelinat pour des enfants français dont les parents ont été tués pendant la guerre. Nous sommes bien isolés ici, comme vous pouvez le constater. Je ne vois pas comment des réfugiés juifs pourraient nous trouver.

— Néanmoins, dit l'officier, il est concevable qu'en votre qualité de membre d'un ordre religieux, vous ayez répondu à l'appel de l'Archevêque Saliège, demandant aux familles catholiques et aux institutions religieuses de donner asile aux Juifs. Vous auriez pour le moins fait preuve de négligence en ne respectant pas les ordres de l'Archevêque. »

Il y eut un moment de silence et nous entendîmes la Mère supérieure répondre d'une voix douce : « Monsieur, je vous prie de m'excuser de ne pas m'adresser à vous comme il se doit, étant donné que je ne connais pas votre rang. Toutes les religieuses de cet établissement et moi-même dépendons des Frères dominicains ici à Sorèze. Je suis sûre que si le Père Charlet cachait des enfants juifs, il le ferait sous sa propre responsabilité. Croyez-vous qu'il puisse être imprudent au point de mettre en danger la vie de tous les autres élèves de Sorèze, sans parler de celles des religieux et religieuses, en acceptant des enfants juifs alors qu'il connaît tous les risques que cela peut engendrer ? Et pour être tout à fait honnête, nous avons à peine de quoi nourrir et vêtir les enfants qui sont déjà à notre charge. »

Nous ne nous sommes pas attardées plus longtemps. Véronique me prit par la main et me fit sortir du bâtiment. Je ne boitais plus — je marchais aussi vite que possible. Arrivées devant nos salles de classe, Véronique ne m'adressa même pas la parole. Elle tremblait depuis qu'elle avait entendu les voix des soldats nazis. Aurait-elle été juive, elle aussi ?

Ne sachant pas si les nazis étaient encore là, je passais le reste de l'après-midi à m'inquiéter. Allaient-ils inspecter notre dortoir, à la recherche d'Emmy et de moi-même ? Pire encore, allaient-ils revenir le lendemain matin lorsque Madame Kahn serait là ? Alors, j'en étais sûre, nous serions tous déportés.

Ce soir-là à la chapelle, j'observai la Mère supérieure assise au premier rang, la tête baissée, son voile noir tombant parfaitement au milieu du dos, son grand rosaire en bois sur les hanches. Elle devait sûrement savoir qu'Emmy, Jean-Claude et moi-même étions juifs. Cependant, elle avait menti à l'officier allemand. Ce qu'on disait était donc vrai : tout le monde péchait, et mentir était un péché. J'avais tant de questions. Je ne vivais que dans l'attente de dimanche.

Le lendemain matin, on a ramené Emmy au dortoir juste avant la grand'messe. Tandis que nous mettions nos tabliers, je lui ai demandé si elle avait vu sa mère.

« Elle ne peut pas venir aujourd'hui, me dit Emmy. »

Mon cœur se serra : « Pourquoi pas ?

— Il est arrivé quelque chose. Sœur Victoire m'a dit que je ne pouvais plus rester à l'infirmerie et qu'il fallait que je retourne au dortoir. Ensuite, la Mère supérieure est venue me parler. Elle m'a dit que je ne pourrai pas voir Maman aujourd'hui. » Emmy avait des larmes aux yeux.

« Quand pourras-tu la voir ?

— Je ne sais pas.

— A-t-elle dit quelque chose sur ma mère ?

— Non. Elle pense que nous sommes sœurs. Elle m'a demandé de te dire que nous devions attendre encore un peu avant de voir Maman. »

J'embrassai Emmy et faillis crier de joie. Si sa maman était en vie et que la Mère supérieure avait admis être en contact avec elle, ma mère devait également être vivante. Puis il m'est venu une idée.

« C'est à cause des soldats, dis-je.

— Quels soldats ?

— Les Allemands. Ils sont venus hier ! Ils ont parlé à la Mère supérieure et lui ont demandé s'il y avait des enfants juifs ici. Elle leur a répondu qu'il n'y en avait pas. Elle leur a menti. »

Emmy ne répondit pas. Par-dessus mon épaule, elle regardait Marguerite, une fille de ma classe, qui était debout devant le lavabo. Elle avait tout entendu. Nous avons fini de nous habiller dans le plus grand silence, nous nous sommes mises en rang avec les autres et nous sommes allées à la messe du dimanche. Il nous faudrait attendre encore une semaine avant de voir Madame Kahn.

Le couvent tout entier préparait Noël.

On était début décembre, et de la verdure avait été placée avec des bougies devant toutes les fenêtres. Pendant le cours de religion, j'avais tout appris sur l'Avent et la naissance du Christ. Un jour, Sœur Présentation m'interrogea : « Qui étaient les premiers visiteurs à la crèche à Bethléem après la naissance de Jésus ? me demanda-t-elle.

— Je ne sais pas, madame, murmurai-je.

Toutes les filles de la classe se mirent à rire. C'était apparemment quelque chose que tout le monde devait savoir, mais j'étais incapable de répondre. Sœur Présentation fit taire la classe et donna elle-même la réponse : « Les bergers, les gens les plus humbles et les plus modestes, ceux qu'on attendait le moins auprès de l'enfant Roi. Nous savons que Jésus a choisi de naître dans un endroit aussi modeste parce qu'il allait être appelé à devenir le Bon Berger du peuple, le Sauveur des pauvres, des gens modestes et humbles de cœur. »

Dans la chapelle, du côté de l'autel, il y avait une couronne de branches vertes, avec des baies de houx rouges tout autour. Les sœurs nous dirent que, tous les dimanches, une élève serait désignée pour allumer la bougie de l'Avent de la semaine. Il y avait trois bougies pourpres et une rose pour les quatre dimanches de l'Avent. Chaque dimanche, nous nous approchions un peu plus de la naissance du Christ. On ne me demanda jamais d'en allumer une.

Je pensais à Hanouka, la Fête des Lumières, quand Tante Sophie avait allumé les bougies de la menora, et Jeannette m'avait expliqué ce qu'étaient les lumières de Hanouka. Tante Sophie avait emporté la menora avec elle, emballée dans du lin, depuis sa lointaine Alsace. Elle devait constamment la garder cachée. Au couvent, personne ne mentionna Hanouka. Mais les bougies de l'Avent m'y faisaient penser et j'avais tellement envie d'être chez moi, entourée de toute ma famille. On parlait du Divin Enfant qui devait arriver. Moi, je ne pouvais parler de rien.

Un après-midi, pendant le cours de religion, chacune de nous dut raconter une histoire de la Bible. Les élèves avaient étudié ces histoires toute l'année, mais pas moi. Il y avait la parabole du grain de moutarde, celle du semeur, l'histoire du Bon Samaritain et le miracle de Jésus marchant sur les eaux.

Jésus parlait souvent en paraboles et disait toujours : « Que celui qui a des oreilles pour entendre, entende. » Parfois, même ses apôtres ne comprenaient pas tout ce qu'il essayait de leur enseigner. Parmi les histoires, il y avait aussi celles des gens qui avaient été guéris de leur cécité et de la lèpre, et celle d'un homme nommé Lazare, ressuscité par Jésus. Lorsque vint mon tour de réciter une histoire, je me levai. Toutes les élèves de la salle s'étaient tournées pour me regarder. Je me suis mise à raconter l'histoire que Papa m'avait racontée avant de partir pour la ferme dans les montagnes, l'histoire du Livre de Ruth. Je me souvenais de chaque mot prononcé par Ruth à sa belle-mère, Noémi, parce que je les avais récités en pensant à mes parents tous les soirs depuis que Papa était parti :

> Là où tu iras, j'irai,
> Là où tu vivras, je vivrai,

Ton Peuple sera mon Peuple,
　　et ton Dieu, mon Dieu,
Où tu mourras, je mourrai,
　　et j'y serai enterrée.
Que le Seigneur m'accorde ces choses,
　　et même davantage
Si la mort devait nous séparer.

Lorsque j'eus terminé, Sœur Présentation me demanda :
« Où avez-vous entendu cette histoire, mademoiselle ?

— Je ne me souviens pas, Sœur Présentation, lui répondis-je.

— Je vois, dit-elle. »

Sœur Présentation se tourna vers le reste de la classe :
« Cette histoire, l'histoire de Ruth, vient de l'Ancien Testament, mes enfants. Nous n'en avons pas encore parlé, étant donné que nous n'enseignerons l'Ancien Testament que plus tard dans l'année. La plupart des histoires que nous avons entendues aujourd'hui viennent du Nouveau Testament, des Évangiles. Néanmoins, l'histoire de Ruth est très importante et vous devriez vous en souvenir. Très bien, mademoiselle. »

Je me rassis à ma place, abasourdie. Je sentis mon visage s'enflammer. Dans mon for intérieur, je remerciais Papa mille fois de m'avoir raconté cette histoire. Je me demandais à nouveau si j'avais été nommée d'après cette femme de l'Ancien Testament.

Un après-midi, avant le dîner, on nous a toutes invitées à décorer le parloir. On avait apporté un grand sapin, et des boîtes de décorations jonchaient le plancher. Chaque élève choisit deux décorations qu'elle plaça dans l'arbre. La Mère supérieure entra et nous nous sommes toutes agenouillées lorsqu'elle mit les figurines de Marie et de Joseph dans la crèche. L'enfant Jésus n'était pas encore dans le berceau — on ne l'y mettrait que le jour de Noël.

Le dimanche suivant, Emmy et moi, nous n'arrêtions pas de nous regarder pendant la messe dominicale. Nous nous demandions si Madame Kahn allait venir et Maman peut-être aussi. Pendant le déjeuner, ce jour-là, je pouvais à peine manger, mais mon manque d'appétit venait davantage de l'excitation que de l'angoisse.

Les plus jeunes élèves faisaient la sieste tous les dimanches après-midi. Nous devions dormir ou nous reposer tranquillement pendant une heure. Je ne pouvais pas dormir. Je priais pour que Maman vienne et qu'elle m'emmène avec elle. Après la sieste, alors qu'on conduisait les plus jeunes élèves à la bibliothèque pour une séance de lecture, la Mère supérieure nous fit sortir, Emmy et moi, du rang. Elle nous demanda de la suivre dans le couloir. Nous nous sommes dirigées en silence vers le couvent, le cœur battant. Dans le foyer, Jean-Claude et deux autres garçons que je n'avais jamais vus, nous attendaient. Je sus alors que j'allais voir Maman.

Nous avons traversé un autre couloir assez long et avons monté des marches hautes et étroites ; cela devait être l'escalier de service. Lorsque nous sommes arrivés en haut, je réalisais que nous étions au même étage que l'infirmerie. Je reconnus immédiatement la porte du bureau de l'infirmière.

La Mère supérieure, suivie de nous tous, emprunta un couloir dans la direction opposée. Il faisait sombre et on ne voyait rien. Elle s'arrêta devant une porte en bois qu'elle ouvrit avec une clé très fine.

« Les enfants, vous avez quarante-cinq minutes. Je reviendrai vous chercher avant le dîner. » Puis elle sourit, me caressa la tête et s'en alla. La porte se referma derrière nous. La première personne que je vis, assise à une table près de la fenêtre, était Madame Kahn. Elle se leva, courut vers Emmy et Jean-Claude et les serra dans ses bras. Je vis d'autres filles de différentes classes — nous devions être quatre ou cinq — ainsi que les deux garçons qui étaient venus avec Jean-Claude. Je réalisai que tous devaient être juifs, et tous devaient être là pour voir leur mère.

Je regardai partout, mais Maman n'était pas là.

Emmy se mit à pleurer lorsqu'elle vit sa mère et elle s'accrocha à elle. « Pouvons-nous rentrer à la maison avec toi ? » supplia-t-elle, mais Madame Kahn lui répondit que le village était dangereux.

« Où est ma mère ? demandai-je.

— Pauvre Renée », dit Madame Kahn en me serrant contre elle. Elle me dit que Maman n'avait pas pu venir ce jour-là. « Mais elle va bien, je te l'assure ; tu lui manques, et elle pense à toi tout le temps, Renée. D'après elle, ton père pourrait bientôt retourner à Arthès.

— Pourquoi n'a-t-elle pas pu venir aujourd'hui ? demandai-je. Si elle est en vie, pourquoi n'est-elle pas venue avec vous ?

— Ça aurait été dangereux pour elle. Elle n'est pas française, tu le sais. C'est pour ça que j'ai dû dire à la Mère supérieure que tu étais ma fille. L'orphelinat ne prend que des enfants français. Emmy et Jean-Claude sont français, et ta mère et moi savions que tu pouvais passer pour une enfant française.

— Je veux rentrer avec vous aujourd'hui ! insistai-je. Je déteste cet endroit. Si Maman est en vie, je veux la voir ! Pourquoi m'en empêchez-vous ? »

Madame Kahn me conseilla de ne pas élever la voix. D'un ton ferme, elle me dit d'être courageuse. « Vous les enfants, vous devez rester en sécurité ici, jusqu'à ce que les choses aillent mieux. À l'extérieur, c'est trop dangereux — vous ne pouvez même pas vous imaginer combien c'est dangereux. La police arrête des gens tous les jours. Vous devez rester ici où vous êtes bien nourris et où vous pouvez continuer d'aller à l'école, ce que vous ne pourriez pas faire à l'extérieur. Nous sommes si heureux que vous alliez bien. Ta mère est très fière de toi, Renée. » Madame Kahn a ajouté : « Elle est en vie, je te le promets. Les sœurs vous disent que vous êtes orphelins parce que tous les autres enfants le sont. Pense à la chance que tu as : toi, tu reverras ta Maman, mais les autres ne reverront jamais la leur. »

J'attendais, assise sur une chaise, pendant qu'Emmy et Jean-Claude parlaient à leur mère, lui racontant ce qui se passait à l'école. Je ne disais rien. Emmy raconta à Madame Kahn qu'elle était allée à l'infirmerie, et Jean-Claude demanda à sa mère quand elle reviendrait. Madame Kahn lui dit qu'elle ne savait pas. Elle ne pouvait venir que lorsqu'elle avait la possibilité d'emprunter une voiture. Je regardais les autres enfants parler à leur mère. Plusieurs d'entre eux étaient en larmes. Je vis Marguerite, la fille de notre dortoir qui avait entendu notre conversation sur les soldats allemands ; elle aussi était juive.

Madame Kahn nous donna des nouvelles de Raymonde et d'Evelyne. Elle nous parla de quelques amis d'Alençon, partis se cacher dans une ferme près d'Albi. Oncle Oscar et Tante Hanna, qui étaient restés en contact avec ces gens-là, avaient fini par aller habiter chez eux pendant quelques temps. Mais, quand ils apprirent que la police recherchait Oncle Oscar, Tante Hanna et lui quittèrent immédiatement la ferme. Ils avaient trouvé un appartement d'une pièce, dans une maison un peu à l'écart dans Albi. Protégés par la Résistance, ils se tenaient cachés. Tante Hanna était la seule à sortir ; Oncle Oscar ne quittait jamais l'appartement, de peur d'être arrêté par la Milice. Grâce à des relations d'Oncle Oscar à Saint-Juéry, Raymonde et Evelyne avaient été placées dans un autre couvent catholique à Albi.

Madame Kahn nous donna à chacun un bonbon et murmura : « Joyeux Hanouka, les enfants. » Elle nous embrassa pour nous dire au revoir. Puis elle me donna un petit sac en papier froissé. « Un cadeau de ta mère, dit-elle. Elle a dit que tu comprendrais. »

J'ouvris le sac et je vis des bonbons, ceux que Maman m'achetait toujours ! Elle était en vie et ce signal me rappelait toujours que tout allait bien. Je me demandais où elle les avait trouvés. Je décidai de les garder pour plus tard.

Madame Kahn se leva et se dirigea vers la porte. Elle nous dit qu'elle ne pouvait pas rester plus longtemps, sinon elle n'arriverait pas à Saint-Juéry avant la nuit. Assis sur nos chaises en bois, nous attendions la Mère supérieure. Personne ne parlait. Nous venions d'apprendre le pire : nous allions être obligés de rester au couvent jusqu'à la fin de la guerre. Et personne — pas même la Mère supérieure — ne savait quand elle allait se terminer.

Chapitre 11 : La prière du rabbin

Tous les matins, je me réveillais angoissée et l'estomac noué. J'avais l'impression que je n'allais jamais pouvoir passer encore une journée sans savoir ce qui était arrivé à mes parents. Mais Maman ne venait toujours pas à Sorèze. C'était trop dangereux pour elle.

D'un côté, Madame Kahn m'assurait que mes parents étaient en vie, de l'autre les sœurs m'affirmaient tout le contraire. Plusieurs autres élèves parlaient fréquemment de leurs parents, comme s'ils étaient encore en vie. Les sœurs nous ont réunis un après-midi et nous ont dit avec fermeté que nous ne devions plus parler de nos parents. Nous étions orphelins et il était inutile de nous appesantir sur notre tristesse et notre douleur. Au couvent, nous avions une nouvelle famille — nos frères et sœurs de la maison de Jésus.

Je savais maintenant quels étaient les enfants juifs à Sorèze, mais nous ne parlions jamais de nos parents entre nous, ni même du fait que nous étions juifs. Il fallait nous adapter, redoutant d'être dénoncés comme Juifs à Sœur Marie-Louise. Nous ne prononcions jamais ce mot sans être sûrs que les autres enfants ne pouvaient pas nous entendre.

Lors d'occasions spéciales, Emmy et moi étions choisies pour aider à nettoyer la sacristie, une petite pièce adjacente à la chapelle, où le prêtre enfilait ses vêtements de messe. Nous nettoyions la table en bois, les chaises, les cierges dans leur chandelier en fer forgé, la statue gravée en bois de la Sainte Vierge berçant l'enfant Jésus, et — près de la porte — le grand crucifix monté sur un piédestal. C'était le Christ sur la croix qui attirait toujours notre attention dans cette petite pièce. Le crucifix était si élevé que nous étions juste assez grandes pour épousseter les pieds de Jésus, à l'endroit où ils avaient été cloués. Je regardais la couronne d'épines, le sang sur son front, les clous qui transperçaient ses mains et ses pieds. « Regardez les yeux de notre Seigneur, nous dit un jour Sœur Marie-Louise. Quel sentiment lisez-vous sur son visage ?

— Il a l'air triste.

— C'est juste, mademoiselle. Il souffre pour le monde entier. Il a pris tous nos péchés sur ses épaules.

— Mais pourquoi ? demanda Emmy.

— Pour nous libérer de notre esclavage envers nos péchés, pour restaurer notre relation brisée avec Dieu, son Père. »

Je ne comprenais pas toutes les paroles de Sœur Marie-Louise, mais je me demandais quels étaient mes péchés. Il y en avait deux sortes : le péché véniel et le péché mortel. Sœur Marie-Louise disait que si nous faisions un bon examen de conscience et que nous regrettions sincèrement nos péchés, nous serions pardonnés. « Pardonnez à ceux qui vous ont offensés, disait Notre Seigneur, pour que Votre Père qui est au ciel puisse vous pardonner également. » C'est ce que nous citait Sœur Marie-Louise. « Peut-être qu'un jour, disait-elle, vous ferez votre première confession et ensuite votre première communion. »

Nous hochions la tête. Elle ne savait pas que nous étions juives.

La confession était l'un des sacrements, comme le baptême, la confirmation et la communion solennelle. Un sacrement, nous disait-elle, c'était Jésus se révélant par des signes invisibles ; c'était un don spécial de l'amour divin et un signe par lequel Jésus agissait dans la vie de son peuple, en le rapprochant de son père. Pendant la leçon de caté-chisme, nous avions appris que dans le baptême, l'eau et l'huile étaient les signes par lesquels Jésus se révélait. Lorsqu'on était baptisé, on devenait une nouvelle personne, une nouvelle création, un enfant de Dieu, et Dieu vivait en nous. Lorsqu'on recevait un sacrement, Jésus partageait son esprit avec nous.

Sœur Marie-Louise ne réalisait pas que nous n'avions jamais été baptisées, et nous ne lui en avons jamais parlé. Chaque fois que Sœur Marie-Louise demandait à la Mère supérieure quand nous serions prêtes à faire notre première confession, la Mère supérieure lui répondait simplement que nous étions encore trop jeunes, ce que Sœur Marie-Louise ne comprenait pas. Elle nous disait qu'elle allait prier pour que la Mère supérieure nous considère bientôt prêtes à recevoir les sacrements.

Lorsqu'on allait se confesser, l'âme était purifiée, nous disait-elle. Nos péchés étaient effacés et notre âme redevenait blanche comme neige, parce que nous nous rapprochions de Jésus. La nuit, ça me donnait mal à la tête d'essayer de tout mémoriser et de comprendre. Alors je me disais que rien de tout ceci n'avait d'importance. Je ne serai jamais catholique. Parfois, je me disais que Maman n'aurait pas apprécié tout ce qui m'arrivait.

Un après-midi, la Mère supérieure est venue me chercher pendant le cours. Je retrouvais Emmy, Jean-Claude et plusieurs autres enfants dans le couloir. Même Véronique était là. La Mère supérieure nous dit de la suivre. « Dépêchez-vous », ajouta-t-elle.

Nous l'avons suivie dans le couloir et après avoir descendu un escalier, nous nous sommes trouvés à l'extérieur de la chapelle, devant une porte en bois étroite que nous n'avions jamais remarquée. La Mère supérieure la déverrouilla et nous fit descendre un autre escalier. Véronique nous guidait. J'avais l'impression qu'elle connaissait déjà cette route et qu'elle savait où nous allions. Nous nous sommes retrouvés dans une chapelle souterraine au-dessous de la chapelle principale. Le mobilier clairsemé de la cave était composé de plusieurs cierges dans des chandeliers en fer, d'une table en bois avec une nappe blanche et de prie-Dieu sur le sol en pierre.

La Mère supérieure nous dit de nous asseoir sur les prie-Dieu et de ne pas faire de bruit. « Pas un seul mot, m'entendez-vous ? dit-elle.

— Oui, ma Mère, lui a-t-on répondu d'une seule voix.

— Je reviendrai vous chercher lorsque ce sera plus sûr. Entre-temps, souvenez-vous que vous êtes dans une chapelle ; vous devez rester tranquilles et vous montrez respectueux. » Elle partit, ne laissant qu'une seule bougie allumée en sortant, afin que nous puissions voir. Nous l'avons entendue remonter l'escalier, ouvrir la porte en bois du haut, la fermer et la verrouiller derrière elle.

« Ce sont les nazis, dit Véronique presque aussitôt.

— Vraiment ? demandai-je.

— Oui. C'est déjà arrivé deux fois, mais vous n'étiez pas encore là. Ils viennent et ils inspectent les terres et le couvent. C'est le seul endroit qu'ils ne connaissent pas. »

Jean-Claude demanda : « N'ont-ils jamais voulu voir ce qu'il y avait en bas ?

— Pas encore », répondit Véronique.

Quelques enfants parlaient à voix basse, mais personne n'osait bouger. Plongé dans une demi-obscurité, chacun tendait l'oreille, à l'affût de voix ou d'autres bruits qui annonceraient l'arrivée des soldats nazis, mais nous n'avons rien entendu.

Bientôt, Véronique se remit à parler d'une voix normale. « Je crois qu'il serait plus simple de nous rendre, dit-elle. Je suis fatiguée de me cacher. Ça nous rend différents. Personne d'autre n'a besoin de se cacher ici !

—Tu es stupide. Tu ne te rends pas compte que se rendre signifie aussi se faire tuer ? lui fit remarquer un des garçons.

— Écoute, lui répliqua Véronique en colère, ça m'est égal de me faire prendre. Ça m'est égal de me faire tuer. Mes parents sont morts ; je le sais. J'étais là quand ils ont été pris à Paris. Nous vivions dans une rue où habitaient beaucoup de catholiques. Nous étions persuadés qu'ils ne nous dénonceraient pas, mais un après-midi, je rentrais de l'école, et j'ai vu la Gestapo sortir de la maison avec Papa et Maman. Ils n'ont rien pu prendre — pas de vêtements, rien — J'ai couru dans les buissons et je me suis cachée. Après que la Gestapo ait emmené mes parents dans un camion, j'ai vu quelques-uns de nos voisins monter l'escalier de notre maison et ouvrir la porte. Personne ne s'était soucié de la fermer à clé. J'ai vu qu'ils allumaient la lumière, parce que la nuit commençait à tomber. Ensuite, j'ai vu une des voisines descendre l'escalier ; elle portait le manteau de vison de ma mère. Et j'ai vu un homme repartir en bicyclette — c'était celle de mon frère. Ils ont pris tout ce qu'ils voulaient. Je les déteste ! Ils sont aussi horribles que les nazis. »

« Mais personne ne va nous dénoncer ici, dis-je. Ce sont des catholiques, et ils nous cachent.

— Peut-être pas tout de suite. Mais tôt ou tard, quelqu'un va nous dénoncer. »

Nous étions assis en silence, et personne n'approuvait, ni ne désapprouvait Véronique. Elle avait raconté son histoire avec colère, mais maintenant, c'était elle qui semblait le plus terrifiée dans cette cave, tandis que nous attendions les nazis.

Après ce qui a semblé une éternité, la Mère supérieure est redescendue nous dire que nous pouvions retourner à nos dortoirs. Elle nous a ordonné de ne parler à personne de l'endroit où nous étions cachés. En montant, Véronique s'est retournée vers elle et lui a demandé si c'étaient bien les nazis qui étaient venus à l'école. « Non, a répondu la Mère supérieure, c'était une fausse alerte. »

À une ou deux autres occasions, elle est venue nous chercher au milieu de la nuit pour nous conduire au même endroit que la première fois, dans cette chapelle souterraine qui était une cachette toute trouvée. Elle attendait que les autres enfants et les sœurs soient endormis, puis elle nous faisait signe de la suivre. Une fois dans la chapelle, le temps qui s'écoulait avant que la Mère supérieure ne revienne nous chercher, semblait interminable. Plus tard, je réalisai que, chaque fois, on avait dû l'avertir de prendre des précautions particulières.

Un matin, Sœur Marie-Louise a inspecté nos armoires. Lorsqu'elle est arrivée à la mienne, elle a découvert le sac de bonbons que Madame Kahn m'avait apporté de la part de Maman.

« Où as-tu eu cela ? me demanda-t-elle, montrant le sac de bonbons à tout le monde.

Je haussais les épaules. Comment pouvais-je lui dire ? La Mère supérieure avait été très claire sur ce point : il ne fallait jamais mentionner les visites de Madame Kahn à aucune des autres sœurs ou élèves.

« Je les ai trouvés, madame.

— Mademoiselle, dit-elle, vous savez que c'est un péché de mentir. Avez-vous volé ces bonbons ?

— Non, ma Sœur.

— Je pense que vous les avez volés. Je pense aussi que vous les avez pris pendant le spectacle de Noël. Par quel autre moyen auriez-vous pu vous en procurer autant ? On vous avait bien dit pourtant que chaque enfant avait droit à un bonbon, mais malgré ça, vous en avez pris une poignée que vous avez cachée dans votre armoire.

— Non, ma Sœur, répétais-je avec insistance. » Je me suis mise à pleurer. Plus personne ne parlait. Sœur Marie-Louise était très en colère. Elle fronçait les sourcils, les yeux grands ouverts.

— Tant que tu n'as pas confessé ce que tu as fait, tu n'auras pas la permission d'aller dîner.

— Je ne les ai pas pris, criais-je. Ils viennent de ma mère ! Elle me les a envoyés !

— Mademoiselle, dit la sœur sèchement, vous savez que vous n'avez plus de mère, donc elle n'a pas pu vous les envoyer. Votre mère est au ciel. À présent, vos camarades et moi-même attendons que vous admettiez ce que vous avez fait. »

Je me suis retournée et j'ai vu que la plupart des filles me dévisageaient. Comme moi, Emmy pleurait. Véronique, se tenant près de la bibliothèque, regardait par la fenêtre. Dans un coin de la pièce, le soleil étincelait sur la couronne en or d'une statue de la Sainte Vierge. Je savais que mentir était un péché. C'était un mensonge d'avouer avoir pris les bonbons, mais si je ne mentais pas, elles allaient continuer à me dévisager. Elles ne me laisseraient jamais tranquille.

« Je les ai volés, laissai-je échapper.

— Oui, dit Sœur Marie-Louise, me caressant la tête à présent que j'avais cédé. Et vous regrettez votre geste ?

— Oui.

— Oui, ma Sœur.

— Oui, ma Sœur, répétais-je.

— Bien. Maintenant, allez vous laver le visage. Et mettez-vous toutes en rang pour le dîner. »

J'ai vu Sœur Marie-Louise fourrer le paquet de bonbons au fond de sa poche. Je les gardais de côté, n'en mangeant qu'un ou deux lorsque personne ne pouvait me voir. C'était tout ce qui me restait de Maman, et même ça, on me l'avait enlevé.

On nous a conduites au réfectoire. Assise à ma place habituelle, je gardais les yeux fixés sur mon assiette pendant tout le repas. Je sentais le regard des autres filles et j'aurais voulu pouvoir leur dire que je n'avais pas menti, que les bonbons m'appartenaient et que ma mère était encore en vie. Ce soir-là, tandis que je récitais mes prières, je confessais à Dieu que j'avais menti, mais je ne confessais pas avoir volé. Sœur Marie-Louise m'avait forcée au mensonge.

Madame Kahn est revenue nous voir après Noël.

Encore une fois, Maman n'était pas avec elle et il n'y avait pas de bonbons non plus. Cette fois-ci, aucun signe ne prouvait que Maman était encore vivante.

« Les sœurs sont méchantes avec nous, dit Emmy à sa mère. Elles nous disent que nous n'avons plus de parents.

— Encore un peu de patience, mes enfants, était tout ce que Madame Kahn pouvait nous dire.

— Et mes parents ? lui demandais-je. Vous me dites qu'ils sont encore en vie, mais je ne les vois jamais. Les sœurs disent que Papa et Maman sont morts — et elles ne sont pas censées mentir.

— Renée, répondit Madame Kahn, les sœurs parlent sans savoir. Elles ignorent tout de nous. Nous ne devons surtout rien dire pour votre sécurité et pour qu'on vous permette de rester ici. Comprends-tu ? Toi étant ici, tes parents sont sûrs que tu es protégée, et ils peuvent se cacher plus facilement de la police. Parfois, ils sont obligés de se dissimuler dans les champs pendant plusieurs jours d'affilée.

— Ça veut dire que Papa est revenu ? Que Maman et lui sont à nouveau réunis à Arthès ?

— Oui. Est-ce que ça ne te fait pas plaisir ?

— Je pourrais aussi me cacher de la police. Je sais comment, je l'ai déjà fait ! Je pourrais les aider !

— Non, non, non, tu ne comprends pas. Tes parents ne pourraient pas te nourrir correctement. Ils n'ont déjà presque rien à manger. Ici, vous avez tout ce qu'il vous faut. Essayez de comprendre, mes enfants. Nous voulons que vous soyez en sécurité afin de pouvoir être à nouveau réunis après la guerre. »

Les visites se terminaient toujours ainsi : je retournais en larmes à mon dortoir, persuadée que Madame Kahn me mentait. J'avais l'impression qu'on ne pouvait se fier à personne et que tout le monde mentait. Emmy et Jean-Claude me tenaient par la main et me disaient à voix basse : « Ne crois surtout pas ce que disent les sœurs. Elles ne savent pas. » Mais il était facile pour les enfants Kahn d'être courageux ; ils avaient vu leur mère, ils avaient parlé avec elle, ils l'avaient touchée...

À la nouvelle année, je suis passée dans la classe supérieure. On m'a dit que j'avais rattrapé mon retard, et j'étais à présent dans la bonne classe. J'avais Sœur Visitation comme maîtresse. Les leçons étaient plus difficiles, mais j'arrivais à suivre. Je savais que si je prenais du retard, on me frapperait à nouveau les doigts avec la règle devant tout le monde.

Et puis ce fut la période du Carême. Les statues et le crucifix de la chapelle étaient drapés de tissu pourpre. Même le prêtre portait une chasuble de cette couleur pendant la messe. Le pourpre représentait la couleur de la pénitence ; il devait nous rappeler la passion et la mort du Christ. Lorsque les sœurs chantaient la messe divine, leurs chants en latin me semblaient tristes. Je savais qu'ils parlaient de la souffrance du Christ sur la croix. Le temps du Carême durait quarante jours et quarante nuits. Je me souviens que le premier jour, on nous avait tracé une croix sur le front avec de la cendre que nous devions « porter » toute la journée ; c'était le mercredi des Cendres. Tandis que le prêtre nous marquait le front, il disait : « Rappelez-vous que vous êtes poussière et que vous retournerez à la poussière. » Quelques élèves ont fait leur première confession pendant le Carême. Sœur Visitation nous a dit que nous n'étions rien de plus que de la poussière, mais que, grâce à la passion et à la mort de Jésus, nous pouvions prétendre à la vie éternelle.

Nous portions des blouses de différentes couleurs et, aux vêpres, nos prières semblaient durer plus longtemps. Je priais toujours pour que Dieu me laisse rentrer chez moi et que je retrouve Papa et Maman. Nous devions aussi faire un don au Seigneur et porter la croix avec lui. Je ne savais pas à quoi renoncer pendant le Carême ; je décidai de ne plus jouer avec Emmy pendant les récréations. Et je décidai aussi de ne plus jamais parler de mes parents. C'était le plus grand sacrifice que je pouvais imaginer. Emmy et moi, assises sur les bancs de pierre glacés, nous regardions les autres enfants rire gaiement dans la cour. Nous étions comme deux vieilles femmes, dans un parc, qui n'auraient plus rien eu à se dire.

Les dimanches défilaient et pourtant, on ne nous faisait plus sortir du rang pour une visite de Madame Kahn. De temps en temps, je remarquais qu'un des autres enfants juifs n'était plus là. On ne voyait plus Marguerite, et Jean-Claude nous dit qu'un des garçons de sa classe avait quitté l'école. Nous avions peur de demander ce qui leur était arrivé.

Un jour de printemps, juste avant Pâques, Sœur Marie-Louise nous fit sortir de la classe. « On m'a demandé de vous emmener au dortoir », dit-elle à voix basse.

Une fois arrivées dans la grande salle, elle nous dit d'enlever nos tabliers. Elle emballa tous nos vêtements dans nos sacs. Nous pouvions garder les manteaux d'hiver qu'on nous avait prêtés ; apparemment, nous allions en avoir besoin. Sœur Marie-Louise plaça sur nos sacs les livres de prières et les chapelets qu'elle avait pris de nos tiroirs. « Pensez à dire vos prières tous les soirs, nous dit-elle. Priez pour ceux qui ne croient pas en Dieu et n'oubliez jamais votre Saint Père au ciel. » Emmy et moi, nous nous sommes regardées sans parler.

Jean-Claude attendait dans le couloir, une sacoche à la main et son béret sur la tête. Le voyant en habits de voyage, je me suis dit : « Soit nous rentrons à la maison, soit nous allons être emmenés par les nazis. Ils sont revenus nous chercher. »

« Dépêchez-vous, les enfants », nous dit Sœur Marie-Louise.

Elle marchait d'un pas vif devant nous. Après être sortis du bâtiment abritant le dortoir, nous avons suivi le sentier de pierre menant au couvent. Le vent soufflait, le ciel était couvert de nuages et une pluie fine tombait. Et tout d'un coup, un sentiment de liberté m'envahit. Pour la première fois au cours de ce printemps, je prenais conscience de l'odeur des eucalyptus plantés tout à côté, des bourgeons sur les branches des cerisiers. Mais pourquoi n'avions-nous pas utilisé les couloirs intérieurs pour entrer dans le couvent ? Je me posais la question. Sœur Marie-Louise nous conduisit vers le foyer obscur. La Mère supérieure nous y attendait, les mains cachées dans les manches profondes de sa robe.

« Amenez-moi les enfants », dit-elle à Sœur Marie-Louise et elle disparut dans son bureau.

Sœur Marie-Louise nous sourit et serra chacun de nous contre elle. Tandis qu'elle boutonnait nos manteaux, elle dit : « Aujourd'hui, vous allez nous quitter, mes enfants. C'est une triste journée pour nous, mais il y a une famille tout près d'ici qui désire vous adopter. N'est-ce pas une bonne nouvelle ? J'espère que vous serez heureux dans votre nouveau foyer. Peut-être reviendrez-vous nous rendre visite de temps en temps. »

Je regardai Jean-Claude, les yeux écarquillés, mais il secoua la tête pour me faire savoir que je ne devais pas protester.

Nous sommes entrés avec Sœur Marie-Louise dans le bureau de la Mère supérieure. Une fois la porte fermée, la Mère supérieure nous désigna trois chaises en osier ; nous devions nous asseoir et attendre. Je regardais autour de moi, bouche bée. Je n'avais jamais vu une pièce d'une telle splendeur : un imposant bureau en bois sombre reposait sur un gigantesque tapis persan et — derrière le bureau — une grande fenêtre surplombait la cour. Je réalisais que la Mère supérieure avait dû nous observer tous les jours pendant la récréation, et voir bien des choses au cours de ces derniers mois.

« Mes enfants, dit-elle, une voiture va venir vous chercher d'ici une heure. Si tout se déroule comme prévu, vous pourrez quitter Sorèze cet après-midi. Je prie pour votre sécurité pendant ce voyage, et j'espère que vous n'oublierez pas tout ce que vous avez appris à l'école. Il est important que vous continuiez à apprendre vos leçons. J'ai demandé à Sœur Marie-Louise de mettre des livres de classe dans vos sacoches.

Aucun de nous ne parlait. Nous étions hypnotisés par cette femme et nous écoutions ses instructions comme si le reste de notre vie en dépendait. J'étais fascinée également par le nombre de livres qu'il y avait sur le bureau et sur les étagères du fond. Un mur entier en était même recouvert. La Mère supérieure en prit un, très gros, qu'elle posa sur ses genoux. « J'aimerais vous faire la lecture jusqu'à l'arrivée de la voiture. » J'entendais le tic-tac d'un réveil sur une étagère. Elle trouva ce qu'elle cherchait dans le livre et elle commença à lire. Il s'agissait de la première Béatitude, un passage que nous avions appris pendant le cours de religion, provenant de l'Évangile selon Saint Mathieu :

Heureux les pauvres en esprit,
car le royaume des cieux est à eux.
Heureux les doux,
car ils posséderont la terre.
Heureux les affligés,
car ils seront consolés.

La Mère supérieure tourna une page et continua la lecture :

Si quelqu'un te force à faire un mille, fais-en deux avec lui. Donne à celui qui te demande, et ne te détourne pas de celui qui veut emprunter de toi. Vous

avez appris qu'il a été dit : Tu aimeras ton prochain,
et tu haïras ton ennemi. Mais moi, je vous dis : Aimez
vos ennemis, bénissez ceux qui vous maudissent,
faites du bien à ceux qui vous haïssent, et priez pour
ceux qui vous maltraitent et qui vous persécutent.

(Matthieu 5)

Puis elle ferma les yeux et commença à réciter le « Notre
Père ». Nous l'écoutions tandis qu'elle priait :

> Notre Père qui êtes aux cieux,
> Que votre nom soit sanctifié ;
> Que votre règne vienne ;
> Que votre volonté soit faite
>   sur la terre comme au ciel…

Elle ferma le livre et caressa le cuir sombre de la reliure.
Puis elle se leva, se dirigea vers la bibliothèque et en sortit
un autre grand livre ; elle l'ouvrit à l'endroit marqué d'un
signet. Debout devant nous, elle nous sourit et dit : « La
prière que je vais vous lire est une de mes préférées. C'est
une prière que vos parents connaissent probablement. On la
récite souvent dans les synagogues. L'année dernière, un
rabbin est venu séjourner à Sorèze pendant plusieurs semaines, et il nous a laissé ce livre de prières. Il est parti
quelques jours avant votre arrivée. Je vais vous lire cette
prière :

> Maître de l'Univers, avec ceci je pardonne à tous
> ceux qui m'ont irrité, fâché, blessé, soit par leurs
> agissements envers moi-même, mes possessions
> ou ma réputation. Que nul ne soit puni à cause de
> moi, que le mal qui m'a été fait soit fortuit ou
> malveillant, inconscient ou intentionnel, en pa-
> roles ou en actes. Que ce soit ta volonté, Ô
> Seigneur, mon Dieu, et Dieu de mes pères, que je
> ne pêche point. Que plus jamais je ne te contrarie
> par ce qui est mal à tes Yeux. Je prie pour que tu
> effaces mes péchés, non par la maladie et la

souffrance, mais avec grande miséricorde. Que les paroles de ma bouche et la méditation de mon cœur soient acceptées par Toi, Ô Seigneur, mon Roc et mon Rédempteur.

(*Livre de prières de l'Union pour la Foi juive,* 1940)

Un silence s'ensuivit lorsque la Mère supérieure arrêta sa lecture ; elle ferma alors le livre, le posa sur son bureau et se posta devant la fenêtre. Les mains posées sur le rebord, elle attendait en nous tournant le dos. On entendait le tic-tac de la vieille horloge sur l'étagère. Nous ne bougions pas d'un pouce. Il faisait chaud et j'avais envie d'enlever mon manteau. Je me rappelle observer cette femme et me demander qui elle était vraiment. Pourquoi était-elle si mystérieuse ? Y avait-il un autre nom, une autre vie, derrière la « Mère supérieure » ?

Un son de cloche se fit entendre au loin. La Mère supérieure se tourna vers nous en souriant. « Il est temps, mes enfants. Je vais vous accompagner jusqu'au portail. »

Nous nous sommes levés et avons pris nos sacoches. Elle nous a suivis dans le foyer et dehors, dans le froid. Nous marchions sous la pluie vers le portail en bois où se tenait le gardien. Même par ce temps, la Mère supérieure ne se pressait pas ; le froid semblait n'avoir aucune emprise sur elle. Je la regardais ; elle marchait lentement et avec grâce, les mains repliées dans ses manches, tandis qu'Emmy et Jean-Claude couraient en avant. Jamais de ma vie, je n'ai eu autant envie de courir, mais je me retenais, la suivant de près.

Juste avant d'arriver près du gardien, la Mère supérieure s'arrêta et nous fit face. De sa manche une petite main émergea qu'elle tendit à chacun de nous. « Au revoir mes enfants. Que Dieu soit avec vous.

— Merci, ma Mère. »

Elle remit sa main dans la manche, se retourna et repartit vers le couvent, sans se presser, malgré la pluie battante. Je regardais son voile flotter dans le vent comme au premier jour. Je ne savais pas encore que je ne la reverrais plus.

Le gardien, un vieil homme courbé par les années, nous dit, « Patience, les enfants », en déverrouillant la porte. Puis nous nous sommes retrouvés dans la rue et la porte en bois du couvent s'est refermée derrière nous. Après avoir regardé des deux côtés, nous avons vu la voiture noire en haut de la colline. Madame Kahn, debout près de l'automobile, nous faisait des signes.

Nous avons tous commencé à courir en même temps. Pas un cri, pas un rire, pas un pleur ne se faisait entendre. Nous courions sans bruit, aussi vite que possible, en emportant avec nous le mystérieux silence de Sorèze.

En arrivant à la voiture, Emmy et Jean-Claude ont crié « Maman ! ». Elle nous a serrés dans ses bras et nous a fait monter à l'arrière de la voiture. Lorsque nous avons remonté la rue, j'ai su que nous rentrions à la maison. En passant devant les murs de pierre de l'école pour la dernière fois, j'ai détourné les yeux. Je n'avais jamais vu de prison auparavant, mais dans mon esprit, c'était comme si je venais de m'en échapper.

Ce n'est qu'au bout de plusieurs mois qu'a disparu le sentiment de malaise que je ressentais tous les matins lorsque je me réveillais à Sorèze. Toutes les fois que j'imaginais mes parents encore en vie, je devais me convaincre qu'ils étaient morts. D'ailleurs, pour quelle autre raison m'auraient-ils abandonnée, séparée de la famille et laissée aux mains d'étrangers, s'ils n'avaient pas cru qu'ils allaient mourir en cette année 1943 ?

PARTIE TROIS : LA LIBÉRATION

Avril 1944 à juin 1946

...de l'esclavage à la liberté, de l'agonie à la joie, du deuil à la fête, de l'obscurité à la lumière, devant Dieu chantons à jamais un nouveau chant.

— cantique de Pâque, la Haggadah

Chapitre 12 : Retrouvailles à Arthès

Madame Kahn gare la voiture devant son appartement à Saint-Juéry et nous en sortons tous très vite. Aucun signe de Papa, de Maman, ni de personne. Soudain, un homme sort furtivement du jardin ; il s'était caché derrière la grille en nous attendant. Sans lui adresser la parole, Madame Kahn lui rend les clés de la voiture. Il monte et démarre.

« Doucement, doucement », dit Madame Kahn tandis que nous nous précipitons vers l'appartement. J'ai à nouveau l'impression que quelqu'un nous surveille ; je viens de passer cinq mois à Sorèze et j'avais oublié qu'il me faut rester vigilante. Je vois que quelques fleurs commencent à pousser dans le jardin. Avant de partir pour Sorèze, il n'y avait que de l'herbe sèche et des feuilles mortes. Jean-Claude se met à courir. En un instant, il est derrière la maison ; il ouvre la porte et entre ; nous le suivons. Monsieur Kahn, Tante Hanna et Andrée Fédou se trouvent dans la cuisine. Je cours vers Tante Hanna qui me prend dans ses bras.

« Oh, Renée , dit-elle, ne t'inquiète pas. Tes parents sont en vie et en sécurité. Ils t'attendent. Nous savons à quel point tu as eu peur, mais ta Maman ne pouvait pas venir. Elle ne voulait pas t'envoyer au couvent, mais c'était pour te protéger. Madame Kahn et moi-même l'avons persuadée de le faire. Les arrestations de la police se multipliaient, et toutes les semaines, on emmenait des enfants. Nous avions entendu dire que des écoles et des couvents catholiques recueillaient des enfants juifs, et...

— Tout ce que je veux, c'est voir Maman ! », dis-je, incapable de retenir mes larmes plus longtemps.

Andrée se lève et me tend la main ; je dois la suivre. J'oublie de dire au revoir à Emmy et à Jean-Claude. Tout ce que je désire à cet instant-là, c'est revoir mes parents. Je ne veux plus attendre.

Je me blottis encore une fois dans les bras de Tante Hanna et je remercie Madame Kahn de m'avoir ramenée au village. Je me retourne pour faire un signe à Emmy. Elle ne lâche plus la main de sa mère.

Andrée et moi sortons de la maison. Je trouve qu'elle a maigri. Elle bavarde tout le long du chemin, me racontant que la police est venue très souvent fouiller leur appartement et que, chaque fois, son père a dû se cacher dans les champs. J'ai envie de lui demander si c'est si terrible que ça de se cacher dans les champs, mais je me tais. Rien ne me fera parler de ce que j'ai vécu à Sorèze maintenant que je suis de retour au village.

C'est à pied que nous devons faire la route de Saint-Juéry à Arthès. Dès que nous avons traversé le pont du Tarn, j'aperçois l'enseigne « Tabac » sur la façade de notre immeuble. Si les volets métalliques étaient ouverts, je saurais que Papa et Maman se tiennent près de la fenêtre et m'attendent, mais il n'y a aucun signe de vie. De l'extérieur, l'immeuble semble désert.

Andrée s'engage dans une autre rue. Nous n'allons ni à l'appartement de mes parents, ni chez les Fédou. Nous prenons le chemin qui mène à mon ancienne école, mais avant d'y parvenir, nous tournons à droite et descendons une autre rue déserte. Ma sacoche commence à peser lourd. Arrivées à mi-chemin, Andrée me dit : « Par là ». Nous marchons le long d'une allée sombre ; de l'eau coule d'un caniveau creusé en plein milieu. J'aperçois un escalier sur la droite. « C'est par là », me dit Andrée. Nous montons les marches jusqu'au deuxième palier et nous nous arrêtons devant une porte sombre. Andrée frappe en utilisant un code secret. Aussitôt, sa mère ouvre la porte.

Je me glisse à l'intérieur. Maman et Papa sont les premiers que j'aperçois et je cours vers eux. J'ai l'impression de rêver. J'ai du mal à croire que c'est bien eux et qu'ils sont toujours en vie. Tout le monde rit de joie à la façon dont je m'accroche à Maman. Nous pleurons toutes les deux, incapables de dire un mot. Puis c'est au tour de Papa de me prendre dans ses bras.

« Ne pleure plus maintenant, Renée. Tu es de retour à la maison ! dit-il. Puis, il se tourne vers les autres. Elle a grandi, observe-t-il.

— Oui, approuve Maman. Elle grandit. »

Elle m'essuie le visage avec un mouchoir et regarde mes gants et mon manteau. À peine capable de parler, elle demande : « Qui te les a donnés ?

— Sœur Marie-Louise.

— C'était très gentil de sa part. Tu as l'air d'une vraie jeune fille, Renée. »

Je ne parle pas du couvent, de la Mère supérieure, des bonbons qu'on m'a confisqués. « Pourquoi n'es-tu pas venue me voir, Maman ?

— Ce n'était pas possible, dit-elle en me serrant dans ses bras. Nous nous serions fait remarquer et on nous aurait arrêtés. Ils connaissent notre existence. Seule Madame Kahn pouvait se rendre au couvent parce qu'elle est française. Nous avons été obligés de prétendre que tu étais française aussi, pour qu'ils te permettent de vivre au couvent.

— Pourquoi sommes-nous ici ? » demandai-je en jetant un coup d'œil à ce sinistre appartement aux murs recouverts d'un papier peint moisi et au plancher disloqué. Quel contraste avec les pièces si propres de Sorèze ! « On ne peut pas aller dans notre appartement ? »

Maman me dit que Monsieur Fédou leur a demandé de quitter l'appartement pendant quelque temps. « Il nous a trouvé cette chambre en attendant que le calme revienne au village. »

Monsieur Fédou a branché la radio afin que nous puissions écouter la BBC ce soir. Je suis surprise de voir qu'il nous permet encore d'écouter la radio. Au couvent, on nous avait dit que c'était dangereux. Toute personne surprise en train d'écouter la BBC pouvait être arrêtée sur-le-champ par la police.

La journée est déjà bien avancée. Madame Fédou et Maman ont préparé le dîner avec le peu de nourriture à leur disposition : un morceau de pain rassis, des tomates vertes, quelques œufs durs. À nouveau, je dois m'habituer à très peu manger et à vivre dans des pièces sans chauffage maintenant que nous sommes au mois d'avril. Nous ne quittons pas nos manteaux. Assise à côté de Papa, je l'écoute me raconter des histoires de la ferme dans la Montagne Noire, où il est resté caché. C'est comme si Papa voulait m'empêcher que je parle de notre séparation : il savait que, sinon, j'allais me remettre à pleurer.

Ruth avec ses parents, août 1944

Papa avait vécu dans un hameau au nord de Carcassonne, où il y avait quatre fermes. Un paysan, pour qui Papa avait travaillé, l'avait hébergé jusqu'à la fin du mois de décembre, sans savoir que Papa était juif.

Il dormait dans la réserve à grains de la ferme. Toutes les nuits, les rats sortaient de leur cachette et lui couraient sur le corps pour atteindre les grains. Un jour, Papa finit par protester auprès du fermier, en disant : « Je préférerais être avec les vaches plutôt qu'avec les rats. Si vous ne déplacez pas le grain, je vous quitte !

— Non, non ! Je vais mettre le grain ailleurs », s'écria le paysan.

Après ça, le fermier faisait tout pour satisfaire Papa. Il avait besoin de son aide à la ferme, car beaucoup d'hommes de la région avaient été tués pendant les premiers mois de la guerre, ou avaient rejoint les réseaux de la Résistance et vivaient dans la clandestinité.

Papa s'est bien plu à la ferme et il me la décrit en détail. Le sol était dallé, il y avait des poutres apparentes au plafond, un âtre surmonté d'un simple manteau de pierre et des chaises de paille pour s'asseoir. Papa et le fermier discutaient jusqu'à une heure avancée de la nuit, échangeant des souvenirs de guerre, mais jamais Papa ne révéla au fermier qu'il était juif. Souvent, ils se réveillaient avant l'aube, contrariés d'avoir passé tout ce temps à bavarder la veille alors qu'ils avaient tant à faire le lendemain. « Comment as-tu fait pour revenir à la maison, Papa ?

— Le pasteur protestant est venu me rechercher. Il avait entendu dire que tous les anciens combattants, y compris les membres de la Légion étrangère, allaient bénéficier d'un nouveau décret interdisant leur arrestation. D'après le pasteur, comme on ne pouvait pas m'arrêter, il était de mon devoir de rentrer chez moi et de m'occuper de Maman. Il avait appris par les Fédou que Maman avait peur de rester seule dans l'appartement et qu'elle vivait chez les Valat. Alors je suis revenu avec lui. Mais malgré ce qu'on m'avait dit, nous avons continué à nous cacher dans les champs chaque fois qu'on entendait parler de rafles dans la région.

— J'avais peur que les Allemands se servent de ce décret comme stratagème pour faire sortir tous les Juifs de leur cachette, murmure Maman.

— Comment être certain que la police respecte ce décret ? ajoute Papa. En fait, aucun Juif n'est hors de danger. »

Papa avait quitté la ferme fin décembre « juste après les Fêtes », dit-il. Pour Noël, le fermier avait tué un cochon. Il l'avait égorgé et saigné, puis il avait fait cuire le sang, comme on le fait au moment des vendanges.

Je me pince le nez en signe de dégoût.

Papa continue : « Je lui ai dit : " Je n'aime pas ça, mon vieux. Je n'aime pas la viande rouge ! " »

Le fermier l'avait regardé comme s'il était fou. « Vous plaisantez, monsieur ? C'est ce qu'il y a de meilleur ! Si je

ne vous connaissais pas mieux, je me demanderais si vous
n'êtes pas juif ! »

Papa avait éclaté de rire et le fermier en avait fait autant.
Lorsque Papa a quitté la ferme, le fermier a pleuré et lui a
donné en cadeau un canard de quatre kilos.

Tout le monde rit des histoires que nous raconte Papa.
Puis Monsieur Fédou règle la radio et nous nous asseyons
tous pour écouter. Mais moi, je n'écoute pas. Je regarde Papa
et Maman et je me demande si je suis vraiment en sécurité.
Maman m'a dit qu'on ne serait plus jamais séparés. Je me
demande si je pourrais un jour lui raconter tout ce qui m'est
arrivé, toutes les horribles pensées qui m'ont traversé l'esprit
pendant mon séjour au couvent. Pendant cinq mois, j'ai eu le
sentiment de vivre une autre vie. Je sais que Maman ne
comprendra pas.

Une fois la diffusion terminée, les Fédou se sont levés
pour partir. Nous leur avons dit au revoir et Madame Fédou
m'a embrassée sur les deux joues, en disant : « On est heureux que tu sois de retour, Renée ! » Andrée m'a serrée dans
ses bras. Ils ont ensuite descendu l'escalier et leurs silhou-
ettes se sont évanouies dans l'obscurité de l'allée qu'Andrée
et moi avions empruntée un peu plus tôt.

Le silence s'est installé dans la pièce, et je ne sais pas
quoi dire à Maman et à Papa. Il m'ont ménagé une place sur
un vieux matelas posé dans un coin. Je commence à déballer
mon sac de voyage. Maman examine mes vêtements. Elle est
contrariée de voir que beaucoup de mes robes sont
maintenant bien trop courtes, ou que leur col est usé ou le
tissu déchiré. « Personne n'a raccommodé tes vêtements,
Renée ? » me demande-t-elle. C'est la seule question qu'elle
m'a posée sur mon séjour à Sorèze. Il lui a toujours été trop
difficile de parler du temps où nous avions été séparées.

Pendant que Maman et Papa nettoient l'appartement, je
prends mon chapelet et je m'agenouille près de mon matelas.
Je fais mon signe de croix et je commence à prier. Je voulais
remercier le Christ de m'avoir ramenée dans ma famille.

Derrière moi, j'entends Papa s'exclamer : « Lissy, qu'est-ce qu'elle fait ? »

— Laisse-la tranquille. C'est beaucoup mieux ainsi. Les gens vont croire que nous sommes catholiques. Laisse-la dire ses prières. »

Je savais qu'il ne fallait pas que j'oublie le « Notre Père », et pourtant, je trouvais bizarre de réciter mon rosaire devant mes parents. Il n'y avait pas de crucifix au mur, pas de statue du Christ ni de la Vierge Marie que je pouvais fixer pendant ma prière, mais je priais quand même — pour ceux qui ne croyaient pas en Dieu, et pour les enfants juifs encore à Sorèze, afin qu'ils soient bientôt réunis avec leurs familles. Mes parents détournaient le regard ; ils ne comprenaient pas et je ne savais pas comment leur expliquer.

Ce printemps-là, nous étions toujours chez les Valat. Nous écoutions la radio régulièrement en quête d'informations. Les reportages de la BBC étaient souvent confus et contradictoires. Quand les Alliés allaient-ils enfin débarquer sur le sol français ?

Je ne voulais pas retourner à l'école, et Maman me permettait de rester à la maison ; elle ne voulait plus que l'on soit séparées. Je continuais mes exercices dans le cahier que Sœur Marie-Louise m'avait donné. À la fin du mois de mai, j'avais étudié toutes les leçons, et d'après Maman, j'étais trop avancée pour l'école communale. Papa ne travaillait plus à l'usine ; le contremaître l'avait prévenu qu'il y avait sans cesse des inspections. Il lui avait aussi fortement conseillé de ne pas trop se faire voir — décret ou pas.

Nous ne quittions jamais l'appartement ; je ne me rappelle pas être sortie, sauf pour aller chercher de l'eau à la pompe. Monsieur Valat et Monsieur Fédou allaient au café et nous rapportaient des nouvelles du village. Le garde champêtre ne sachant pas où nous étions, il ne pouvait plus nous menacer.

Pendant toute la première semaine de juin, la BBC diffusa tous les jours le même message — le premier vers d'un poème de Paul Verlaine : *Les sanglots longs des violons de l'automne*...

Monsieur Fédou nous dit que c'était un signal pour mobiliser toute la France et que les habitants des deux villages étaient en alerte. Il faisait exceptionnellement chaud en ce tout début de juin, et nous étouffions dans cette petite pièce cachée des regards où l'on pouvait à peine entr'ouvrir la fenêtre pour avoir un peu d'air frais. Seule la tombée de la nuit apportait une brise rafraîchissante. Nous étions tous à cran, impatients de savoir ce qui allait se passer.

Une nuit, enfin, un violent orage finit par éclater, atteignant son paroxysme pendant la diffusion de la BBC. Nous étions tous assis dans le minuscule appartement avec les Fédou et les Valat, arrivés quelques minutes avant le début de l'orage. Personne ne bougeait pour ne pas perdre un mot du reportage. À travers le brouillage, une voix d'homme disait quelque chose comme « chanter », mais aucun de nous n'avait bien compris sauf Papa. « Je crois qu'il disait : " Le coq chantera ce soir " ». Juste après, le deuxième vers du poème de Verlaine fut enfin cité : *blessent mon cœur d'une langueur monotone.*

Un sourire éclaira le visage de Monsieur Fédou dès qu'il entendit ces mots. Il se leva pour éteindre la radio et quitta aussitôt l'appartement. Monsieur Valat et Papa discutèrent de la signification du message. D'après Monsieur Valat, puisque le coq était le symbole de la France, l'indice devait certainement vouloir dire que la France allait bientôt être libérée. Les yeux de Papa se remplirent d'espoir.

Le lendemain matin, le six juin, je fus réveillée par des cris et des chants sous la fenêtre de notre appartement. Les cloches sonnaient et j'entendais des rires et des effusions de joie. Papa ouvrit les volets et vit un grand nombre d'habitants se rassembler dans la rue, criant et dansant. D'autres se hâtaient vers le tabac pour écouter les nouvelles. Des fenêtres s'ouvraient. Des gens encore à moitié endormis demandaient ce qui se passait.

Après nous être habillés en toute hâte, nous sommes descendus dans la rue. Les Alliés avaient débarqué en

Normandie ! C'était le jour de la Libération, « le Jour J », le 6 juin 1944. Papa et Maman s'enlacèrent ; tous les deux avaient le visage couvert de larmes. Nous nous sommes mis à rire tous les trois en même temps, et Papa et Maman n'arrêtaient pas de m'embrasser. Un accordéoniste, sorti de nulle part, se mit à jouer. Les Valat et les Fédou dansaient dans la rue.

J'eus alors l'impression que tous ces jours et toutes ces nuits passés dans la clandestinité avaient été effacés par cette matinée de joie.

Le bonheur qui suivit le débarquement allié fut gâché par les effets pernicieux de quatre années d'Occupation. Il était devenu presque impossible de trouver de la nourriture. Et il y a bien longtemps que Maman avait vendu tout le linge, l'argenterie et les bijoux qu'elle avait emportés avec elle en cachette. Cet été-là, nous nous sommes nourris de légumes, mais nous n'avions aucun moyen de faire des réserves. Le visage de Papa était toujours crispé et sérieux, et je savais qu'il pensait à Tante Sophie et à Jeannette.

Après le débarquement, Arthès et Saint-Juéry imposèrent un couvre-feu. Il y avait souvent des bombardements alliés, et les troupes allemandes reculaient. Papa ne savait pas si nous allions pouvoir rester au village. À chaque alerte et à chaque attaque aérienne, nous étions obligés de nous réfugier dans les champs. D'après Papa, l'usine des Sauts du Tarn pouvait devenir une cible pour les bombardiers qui nous survolaient. Nous restions dans les champs pendant des heures, jusqu'à ce que tout redevienne calme au village, et c'est à ce moment-là que je finis par réaliser ce que Papa et Maman avaient enduré alors que moi, j'étais bien en sécurité au couvent.

Souvent, lorsque j'étais allongée dans les champs, en attendant que revienne le silence, je pensais à la Mère supérieure, à Sœur Marie-Louise et à Sœur Présentation. Je me demandais comment allaient les autres enfants juifs cachés là-bas, surtout Véronique. Allait-elle survivre ?

L'attente de la Libération et de la liberté devenait insupportable. Oncle Oscar et Tante Hanna avaient quitté Albi pour revenir au village. Raymonde et Evelyne étaient avec eux. Ce n'est qu'avec elles, Emmy et Jean-Claude que je pouvais échanger des souvenirs du couvent. Ils comprenaient combien ce lieu avait pu être mystérieux, parfois paisible, souvent déconcertant. Les adultes écoutaient la BBC aussi souvent que possible. Papa était convaincu que tout allait être terminé à la fin de l'été.

Beaucoup d'inconnus passèrent par le village, certains séjournant chez nous. Je me souviens d'un soldat russe en quête d'un gîte et d'un couvert que les Fédou hébergèrent pendant quelques temps — il n'y avait de place que chez eux à son arrivée. Ils étaient souvent obligés d'appeler Maman et Papa à la rescousse, car le soldat parlait un peu allemand, mais pas du tout français. Il aimait jouer aux cartes, et il m'apprit beaucoup de jeux et quelques tours. À son départ, il m'offrit un jeu de cartes.

Lorsque la Royal Air Force bombarda les derniers terrains d'aviation allemands, Albi fut pilonnée. Nous entendions le fracas des bombes et je me souviens que tout le monde courait dans la rue en criant : « Les Anglais ! Les Anglais bombardent ! » Papa et moi grimpâmes sur une colline derrière mon école ; de là, il nous était facile de voir Albi, située seulement à quatre kilomètres d'Arthès. La ville était en flammes. Debout au sommet de la colline surplombant le village, Papa et moi étions transportés de joie, savourant pour la première fois depuis des années le goût de la liberté. Notre regard parcourait les toits rouges d'Arthès et de Saint-Juéry, le Tarn et — au-delà — la ville d'Albi. Enfin, le temps de la clandestinité était terminé. On nous a dit, bien plus tard, que la poste d'Albi avait été bombardée. Je me demandais ce qu'il était advenu de cet employé qui y travaillait, celui qui avait prêté sa voiture à Madame Kahn pour nous conduire à Sorèze, mais nous ne l'avons jamais su.

Ce qui avait été autrefois considéré comme la Zone sud fut libéré lorsque les Alliés débarquèrent dans la région de Fréjus, le 15 août 1944. Une semaine plus tard, c'était au tour de Toulon. Tous les habitants d'Arthès descendirent à nouveau dans les rues pour manifester leur joie ; c'était un jour aussi important que le 6 juin. Fous de joie, les Fédou, les Valat et bien d'autres ressentaient un soulagement inexprimable. Les gens couraient d'une porte à l'autre, appelant leurs voisins et leurs amis. Des drapeaux français apparaissaient aux fenêtres et sur les balcons. Tout le monde hurlait : « Libération, la France est libre ! » Les cloches des églises sonnaient et ne s'arrêtèrent qu'à la tombée de la nuit. Oncle Oscar, Tante Hanna, Raymonde et Evelyne nous rejoignirent. Maman et Tante Hanna se jetèrent dans les bras l'une de l'autre en pleurant. Nous avions survécu.

À partir de ce jour-là, nous avons pu vivre plus librement. D'après certaines rumeurs, Albi était témoin d'actes de violence spontanés contre ceux qui avaient collaboré avec l'ennemi. Le garde champêtre fut fusillé par un membre de la Résistance le lendemain de la Libération ; on traînait d'anciens collaborateurs dans la rue, et on leur rasait la tête ; d'autres étaient exécutés sur place.

Une nuit, peut-être celle ayant suivi la Libération, je me rappelle m'être agenouillée près de mon lit. Nous étions de retour dans notre ancien appartement au-dessus du tabac. Je commençais à prier le rosaire pour remercier Dieu de nous avoir rendu la liberté. Alors que je récitai le « Notre Père » et le « Je vous salue, Marie », Maman vint à mes côtés et dit : « Renée, la guerre est finie ; tu n'as plus besoin de faire ça. »

Papa m'expliqua que nous étions hors de danger à présent, mais je ne comprenais pas vraiment ce que ça signifiait et je savais pas non plus comment me comporter. Je ne me rappelais pas avoir jamais vécu en pleine liberté.

Chapitre 13 : Paris

À partir d'octobre 1945, Papa recommença à travailler aux Sauts du Tarn sans interruption.

D'une certaine manière, notre dernière année à Arthès fut plus difficile que les autres, car c'est pendant cette période que nous avons découvert le vrai sens du mot privation. Nous avons passé l'hiver sans chauffage, et la nourriture était rare. Heureusement, Maman nous tricotait des pulls. Nous dormions tout habillés, serrés les uns contre les autres sous les couvertures. Nous vivions d'œufs, de pommes de terre, de fromage et — bien sûr — de pain.

Arthès, le 1er octobre 1944, la rentrée des classes après la guerre.
Ruth est au premier rang (première à partir de la gauche)

Ce n'est qu'après le 8 mai, jour de la capitulation des Allemands devant les Alliés, que nous avons enfin pu croire à la liberté. Mais la retraite des forces nazies avait laissé la France en ruines. L'ennemi avait brûlé des immeubles, saboté les lignes de chemin de fer, détruit des villes entières, et fusillé des gens en maints endroits. On entendit parler de l'horrible massacre d'Oradour-sur-Glane, un village situé près de Limoges, qui avait toujours compté de nombreux réfugiés juifs pendant la guerre. Forcés à se replier, les nazis répliquent de façon brutale aux attaques des partisans de la région, en massacrant et en incendiant le village tout entier, ne laissant derrière eux que des ruines fumantes. Les nazis quittaient la France dans l'amertume et la vengeance.

Dans notre petit village, il nous fallut des mois pour ne plus avoir l'impression d'être sans cesse surveillés. Petit à petit, au moyen de la radio et des journaux, nous découvrions ce que les nazis avaient fait subir aux Juifs dans leurs usines de l'horreur : les camps de la mort. Maman et Papa essayèrent de me cacher la vérité aussi longtemps que possible, mais les atrocités commises étaient telles qu'ils finirent par ne plus pouvoir dissimuler leur colère et leur dégoût. Papa devint de plus en plus silencieux et se renferma sur lui-même ; il pensait sans cesse à notre famille en Allemagne.

Papa était persuadé que presque tous les Juifs avaient été exterminés. D'après lui, la raison de notre survie ne tenait qu'au fait d'avoir trouvé le petit village d'Arthès au bon moment. D'autres Juifs, qui s'étaient réfugiés au village pendant les heures les plus dures de l'Occupation, avaient été arrêtés avant même d'avoir pu établir des contacts ou trouver un abri décent. Nous n'avons jamais oublié combien nous étions redevables aux Fédou et aux Valat pour leur vigilance constante.

Oncle Oscar fut le premier à retourner à Paris. Il ignorait si la fabrique d'imperméables « La Standard » fonctionnait toujours, et s'il allait même pouvoir récupérer l'entreprise familiale. Il dit à Papa : « Toi, reste ici jusqu'à ce que j'aie trouvé quelque chose pour nous à Paris. » Quelques jours plus tard, Oncle Oscar et sa famille quittaient Saint-Juéry. Nos adieux furent brefs et remplis d'émotion. Maman et Tante Hanna, qui avaient du mal à se séparer, disaient : « Nous avons traversé ensemble tant d'épreuves. Espérons que désormais, nous connaîtrons le bonheur. » Tante Hanna vivait dans la crainte d'une catastrophe sur le chemin du retour.

« Nous allons bientôt vous suivre à Paris », dit Papa.

Après leur départ, il se réfugia dans le silence. Il adressa plusieurs lettres à Tante Sophie qui vivait à Toulouse. Mais elles restèrent sans réponse. Papa n'avait plus qu'une idée en tête : voir la famille réunie. Je remarquais qu'il ne parlait jamais d'Oncle Heinrich et qu'il ne mentionnait son nom dans aucune conversation.

Quelque temps plus tard, nous avons reçu une lettre d'Oncle Oscar, nous racontant leur voyage à Paris. Ils étaient arrivés jusqu'à Orléans, mais les voies avaient été bombardées ; après avoir fait un long détour à pied, ils avaient enfin trouvé un autre train pour Paris. Dès leur arrivée, Oncle Oscar s'était rendu à leur ancien appartement, mais le propriétaire avait refusé de le leur relouer. « La Standard » avait été vendue par les Allemands à un Français, et Oncle Oscar allait être obligé d'avoir recours à la justice pour en reprendre possession. Dans sa lettre, il disait à Papa qu'il était encore trop tôt pour retourner à Paris, car la situation restait chaotique. « Restez à Arthès, avait ajouté Tante Hanna au bas du courrier, où tout est plus sain. »

Vers la fin de l'année 1945, Maman et Papa n'avaient plus qu'une chose en tête : retourner à Paris. Papa était impatient d'établir des contacts avec la Croix-Rouge qui s'occupait de réunir les familles et les survivants qui rentraient des camps. Il était convaincu que, si les membres de notre famille avaient survécu en Allemagne, ils allaient demander à être conduits à Paris, puisque c'est de là que provenaient les dernières lettres que Papa et Maman leur avaient écrites en septembre 1939. Papa s'inquiétait surtout pour Tante Sophie et Jeannette ; il voulait d'abord essayer de les retrouver à Toulouse avant de partir pour Paris.

En février 1946, nous étions prêts pour le départ. Nos ballots étaient pitoyables ; après cinq années de vie clandestine, nous n'avions presque plus rien. Les Fédou, les Valat, les Kahn, le pasteur et même le contremaître des Sauts du Tarn étaient venus nous dire au revoir. Quand il m'a fallu quitter Emmy et Jean-Claude pour de bon, j'ai fondu en larmes ; il y aurait toujours entre nous un lien particulier, même si nous ne parlions guère de notre séjour à Sorèze. Des larmes et des silences gênés accompagnèrent les paroles de gratitude de Maman et Papa envers les gens du village. En sortant, Madame Valat me prit dans ses bras, en disant qu'elle n'oublierait jamais le jour où je m'étais aventurée chez elle.

Lorsque le bus bringuebalant démarra, nous fîmes des signes d'adieux à nos amis. Je me revois regardant fixement à travers la vitre, la gorge nouée, essayant de ne pas pleurer. Une partie de moi-même avait peur de quitter le village, redoutant ce qui pouvait nous attendre à Toulouse et à Paris. Une fois de plus, je quittais des amis qui m'aimaient sincèrement, et qui avaient pris soin de moi. Nous sommes montés dans le train à Albi et, après avoir trouvé des places près de la fenêtre, Papa saisit la main de Maman et la mienne et les serra très fort comme pour dire : « À partir de maintenant, quoiqu'il arrive, nous resterons unis. »

Le train était bondé ; un grand nombre de voyageurs, des réfugiés, se rendaient à Toulouse ou à Paris. La plupart voyageaient seuls. Nous étions l'une des rares familles à bord de ce train, et je me souviens des regards incrédules que nous jetaient les gens, tant il était rare à cette époque de voir des familles qui avaient réussi, d'une manière ou d'une autre, à rester ensemble jusqu'au bout.

Notre première halte fut Toulouse. Grâce au Centre de la Croix-Rouge, le pasteur protestant avait été en mesure de localiser la famille d'Oncle Heinrich, et la veille de notre départ d'Arthès, il avait noté l'adresse sur un morceau de papier qu'il avait donné à Papa. Après avoir remonté plusieurs pâtés de maisons, nous sommes arrivés à l'adresse indiquée. C'était le domicile d'une autre famille juive, celle de la meilleure amie de Jeannette.

Nous étions en larmes et bouleversés en retrouvant ma cousine. Le père de l'amie de Jeannette nous fit entrer dans une pièce très peu meublée et nous permit de nous entretenir avec ma cousine pendant plusieurs heures. Les premières minutes de notre rencontre se passèrent dans le silence ; tout le monde avait du mal à parler. Jeannette avait beaucoup maigri et de grandes cernes soulignaient ses yeux. Elle prit enfin la parole pour nous annoncer que Tante Sophie avait été arrêtée.

« Oh, non ! s'écria Maman.

— Juste une semaine avant la libération de la Zone sud, dit-elle d'une voix sourde. J'étais sortie avec Maman pour aller chercher un peu de nourriture. On n'avait pratiquement plus rien et on voulait juste essayer de trouver quelque chose à manger. On savait qu'on ne pouvait faire nos courses qu'entre 3 et 4 heures de l'après-midi et qu'il nous était interdit d'entrer dans les grands magasins et les boutiques. Mais les Allemands faisaient des contrôles d'identité inopinés dans la rue ce jour-là, et deux soldats ont arrêté Maman. Ils lui ont demandé de montrer sa carte d'identité et l'ont accusée d'être entrée dans un grand magasin, ce qui était faux. En plus, il était 4 heures et trois minutes.

Ils ont examiné la carte d'identité de Maman, puis la mienne, continua Jeannette, et ils ont décidé qu'elles étaient fausses. Maman a été arrêtée sur-le-champ. »

Mes yeux se remplirent de larmes et je courus vers Jeannette. Je pleurai pour elle, me rappelant la tristesse que j'avais ressentie lorsque j'avais été séparée de Maman à Sorèze, mais je ne savais pas comment consoler ma cousine.

« Ils m'ont dit de rentrer à la maison et d'attendre Maman. Elle devait être de retour le lendemain, mais elle n'est jamais revenue. Tous les jours pendant des semaines, j'ai été au Centre de la Croix-Rouge pour essayer d'avoir des renseignements, mais ça n'a jamais rien donné.

Et puis, tout d'un coup la semaine dernière, ils m'ont contactée et m'ont dit que Maman avait été conduite tout d'abord à la Caserne Caffareli et qu'elle avait vécu dans un baraquement, qu'ensuite, elle avait été déportée à Auschwitz où elle avait survécu jusqu'à la Libération. Mais dans le train... Jeannette se mit à sangloter.

Dans le train... dit-elle quelques instants plus tard, elle est morte du typhus. Elle est morte dans le train qui la ramenait chez nous ! »

C'est à ce moment-là que nous nous sommes tous effondrés. Je me rappelle qu'il y avait, sur une des étagères de la pièce, une pendule semblable à celle qui se trouvait dans le bureau de la Mère supérieure, et on n'entendait que le tic-tac de l'horloge et nos sanglots. Maman avait pris Jeannette dans ses bras et essayait de la réconforter. Papa essaya de la convaincre de nous accompagner à Paris, mais Jeannette voulait rester à Toulouse avec ses nouveaux amis.

Puis, ce fut l'heure de repartir pour la gare. Papa remercia l'homme qui prenait soin de Jeannette et promit de rester en contact avec elle. Dès qu'il le pourrait, il essaierait de lui envoyer de l'argent. Je m'accrochais à Jeannette en lui disant au revoir. Je me souvenais combien elle avait été heureuse à Toulouse en 1942, avec tous ses amis. Quatre ans plus tard, ce n'était plus la même personne : le cœur brisé, elle était maintenant terrifiée, désespérée et impuissante.

* * * * *

Le train arrive à la gare d'Austerlitz au petit jour. Je n'ai aucun souvenir du Paris de 1939, et j'ai donc l'impression de découvrir la capitale pour la première fois. La ville est froide et grise. Et tout est si sombre, comparé à l'éclat lumineux du sud et à Arthès. Maman et Papa parlent à peine, essayant de se repérer dans la gare et de s'adapter à ce nouvel environnement. Ils sont inquiets, mais au moins, Papa sait où aller. Tous les gens que nous croisons sont très maigres. Maman dit que ce sont de pauvres âmes qui ont enduré les quatre années d'Occupation de Paris par les nazis. Papa sort un morceau de papier avec une adresse. Nous devons nous y rendre à pied. Il n'y a pas de taxis, pas de bus. Une longue marche nous attend, mais nous sommes habitués.

L'immeuble se trouve au 176 rue du Temple. C'est là où nous allons habiter. Nous passons sous une voûte de couleur sombre et sur la gauche se trouve une porte menant à l'immeuble. Je suis Maman jusqu'à l'appartement qui se trouve au premier étage, en utilisant un escalier circulaire. Une fenêtre donne sur l'arrière-cour.

Dans ce logement, il y a une table, trois chaises et deux vieux lits. Dans une armoire sont rangés trois assiettes, trois tasses, trois cuillères, trois fourchettes et trois couteaux. C'est ce que nous avons reçu de l'OSE (Œuvre de secours aux enfants). Je dois aller au dispensaire de l'OSE pour être vaccinée et passer une visite médicale puisque j'ai vécu dans la clandestinité. J'ai peur des piqûres. « Tu es affaiblie et tu en as besoin, et les gens seront gentils avec toi », me dit Papa.

Quelque temps plus tard, Maman et moi passons devant des immeubles en partie effondrés, des rues barrées. Nous avons des cartes de rationnement. La mienne est marquée d'un « J-3 » parce que j'ai plus de six ans. Tous les matins, Papa va au marché et essaie de vendre des marchandises — en général, des tissus solides et lavables. C'est ce que nous pouvons faire de mieux pour l'instant. Dans les magasins, on peut enfin acheter des chemises, des pyjamas, des sous-vêtements — mais Maman est obligée de donner une carte de textile. On n'a droit qu'à un seul article par personne, et les clients ne sont pas contents.

On entend dire que beaucoup de gens ont dénoncé des Juifs à la Gestapo pendant la guerre. Quelqu'un avertit Maman dans la cour de ne pas aller chez le boulanger du coin, ni chez le laitier dans notre rue. « Ils ont dénoncé des Juifs pendant toute la durée de la guerre », nous dit-on.

Je vais à l'école primaire. On me traite de « sale Juive » dans la cour, après l'école. Maintenant, je sais ce qu'est l'antisémitisme. Une camarade de classe me dérobe mon goûter et l'institutrice ne réagit même pas. Je rentre à la maison en pleurant et j'explique à Maman ce qui s'est passé ; elle est furieuse. Il n'y a pas beaucoup d'enfants juifs avec lesquels je peux jouer. Ce que Maman désire le plus pour moi, c'est que j'apprenne à connaître ma religion et à ne plus la redouter. On m'inscrit aux « Petites Ailes », un organisme scout juif. Nous faisons des balades le week-end et l'été, nous allons camper. Raymonde, elle aussi, en fait partie. Notre cheftaine a cinq ou six ans de plus que nous et s'appelle « Caïman » ou « Crocodile ». Tous les chefs de groupe portent des noms d'animaux. Des années plus tard, Raymonde allait rencontrer Caïman dans un club et apprendre qu'elle s'appelait en réalité Ruth, et que sa mère et elle avaient survécu au Ghetto de Varsovie en Pologne.

Je n'ai que des amies juives. J'espère toujours avoir des nouvelles d'Oncle Heinrich. Personne ne parle de lui. Je suis sûre que Papa sait ce qui lui est arrivé, mais qu'il ne veut pas nous le dire.

Peu de temps après, la Croix-Rouge prend contact avec Maman. On est fin 1946.

Lissy, à droite, avec ses parents (les grands-parents de Ruth),
Bertha et Gustav Nussbaum, 1931

Ils ont identifié le père de Maman et sa belle-mère, qui étaient dans le camp de concentration de Theresienstadt. Ils sont en vie et vont venir habiter avec nous. Maman essaie de leur ménager un endroit dans notre petit appartement. Elle craint qu'il n'y ait pas assez de nourriture pour tout le monde. Un soir, elle me parle ouvertement de l'état dans lequel mes grands-parents doivent se trouver. « Je ne veux pas t'effrayer, Renée, mais essaie de ne pas être trop bouleversée en les voyant. Ils ont traversé des moments effroyables, et ils n'avaient pratiquement rien à manger. On ne peut même pas imaginer combien ça a dû être terrible pour eux — »

Mes grands-parents n'arrivent que dans quelques jours. J'essaie de ne pas y penser. Je vais à l'école et je joue avec mes amies aux réunions des scouts. Maman m'emmène faire des courses rue des Rosiers, où l'on peut acheter de la nourriture casher.

Un après-midi, je rentre de l'école et je trouve l'appartement vide. Maman et Papa ont laissé la porte ouverte et il y a des bonbons sur la table. Je descends dans la cour pour sauter à la corde. Tous les bruits résonnent contre le ciment et les grands murs des immeubles environnants. Je suis encore en train de jouer dans la cour lorsque je les vois arriver. Je les regarde passer doucement sous la voûte. Papa tient mon grand-père par le bras, et Maman soutient ma grand-mère. Ils ont l'air très âgé, et je remarque que leurs yeux sont bordés de grandes cernes sombres et rougeâtres. Je n'ai jamais vu des gens aussi maigres. Maman m'appelle.

Je lâche ma corde à sauter et je m'approche. « Voici Ruth », dit Maman, et mon grand-père sourit. Je ne sais pas quoi faire, alors je les embrasse tous les deux. Ils s'accrochent à moi comme si ça faisait des années qu'ils n'avaient reçu aucune marque de tendresse.

Maman s'occupe de mes grands-parents. Discrètement, elle partage sa nourriture avec eux. Ils ne parlent jamais du camp de concentration lorsque je suis là. Quand je demande à Maman pourquoi, elle me répond : « Ils ont le corps et le cœur brisés, Ruth. » Depuis quelque temps, elle recommence à m'appeler Ruth.

Oncle Oscar et Tante Hanna habitent tout près. Nous leur rendons souvent visite. Oncle Oscar retourne enfin dans son usine de fabrique d'imperméables, et Papa réussit à le rejoindre dans une branche parallèle. Tous les matins, ils rassemblent des imperméables dans la cour. Il y a toujours d'énormes quantités de marchandises.

J'ai maintenant huit ans. L'après-midi, je vais aux réunions des scouts. Je parle à tous mes amis de mes grands-parents et je leur raconte ce qu'ils ont vécu. Tous sont tristes pour nous. Je continue de croire qu'Oncle Heinrich va bientôt revenir et alors, je ne me sentirai plus seule. Il me lira à nouveau des histoires et jouera avec moi dans la cour. Je raconterai à tous mes amis comment Oncle Heinrich est revenu des camps.

Je vais dans une école primaire que je n'aime pas. Lorsque les instituteurs me rendent mes devoirs, il n'y a ni commentaires, ni appréciations sur la feuille. C'est comme si je n'étais pas vraiment là, comme si je n'existais pas. Alors que les devoirs des autres élèves — ceux qui ne s'appellent ni « Cohen » ni « Lévi » — sont largement commentés, surtout si l'élève porte un nom aristocratique, avec particule. L'instituteur le force à se lever et lui demande comment quelqu'un avec un tel nom peut avoir fait un devoir aussi mauvais. « Comment ? Avec un nom pareil ! C'est inexcusable, impardonnable ! » Cela ne semble pas troubler l'élève ; c'est presque une forme de flatterie. Quant à moi, je veux garder mon faux nom.

Lorsque Maman et Papa reçoivent le courrier, ils passent tout de suite les enveloppes en revue. Un après-midi, il y a des lettres pour chacun d'eux. Elles proviennent de la Croix-Rouge. Maman et Papa s'asseyent chacun sur une chaise et ouvrent lentement leur courrier. Papa met un certain temps à lire ce qui est écrit. Il y a plusieurs imprimés. Maman cache son visage de ses mains.

Puis, mon père s'effondre lui aussi.

Il n'essaie pas de retenir ses larmes. Il pleure à gros sanglots. Il vient d'apprendre ce qui est arrivé à sa famille en Allemagne. Oncle Heinrich a été interné dans le Camp du Vernet, avant d'être déporté. Lui, ainsi que Sittie, Hettie et la maman de mon père ont été gazés à Auschwitz. Il y a quatre ans qu'ils sont morts. La sœur de Maman, Lottie, a également péri. Jamais ils ne reviendront.

Ce soir-là, un lourd silence règne dans notre appartement. Nous prions pour les membres de notre famille qui sont morts dans des souffrances abominables. Papa ne parle pas. Une fois couchée, je pleure mon oncle préféré avec qui je ne pourrai jamais plus parler. Chaque fois que je ferme les yeux, j'ai cette horrible vision d'Oncle Heinrich recroquevillé sur le sol de cet endroit qu'on appelle une chambre à gaz. Maman vient près de moi. Je lui demande : « Que va devenir Jeannette maintenant ? Elle n'a plus personne. »

Benno (à gauche), sa sœur Hettie et leurs parents Léo et Nanette Kapp, 1934

Maman secoue la tête. « Nous allons essayer de l'aider, d'une manière ou d'une autre », dit-elle.

Quelques semaines après avoir reçu le dossier d'Oncle Heinrich, je suis en train de faire mes devoirs, assise sur un banc du square Louis XIII, attendant le début de ma réunion de scouts. J'observe deux petites filles en train de jouer à la balle à l'autre bout du square. Totalement absorbées par le jeu, elles ont l'air d'être heureuses. Elles chantent une comptine en s'envoyant la balle. Au moment où je me lève pour quitter le square, je remarque qu'il y a un livre dans l'herbe, dont le titre est caché. Sa reliure est rouge et la couverture m'est vaguement familière. Il a dû tomber du cartable d'une des petites filles et je me baisse pour le ramasser. Quand je l'ouvre à la première page, les illustrations et le texte me reviennent tout de suite à l'esprit. C'est un exemplaire du *Petit Chaperon Rouge*, l'histoire qu'Oncle Heinrich me lisait presque tous les après-midi à Toulouse. Je connais l'histoire par cœur, et pourtant je la relis, les yeux remplis de larmes, assise sur un banc, essayant de retourner par la pensée à Toulouse, au temps où nous étions heureux.

Pendant un court instant seulement, je suis là-bas, assise sur les genoux d'Oncle Heinrich, riant avec lui...

Épilogue
par Ruth Kapp Hartz

Ce n'est qu'à la fin de la guerre que j'ai réalisé tout ce que la population française avait fait pendant l'Occupation. Étant donné ce que nous avions vécu dans le Midi de la France, je croyais que quatre-vingt-dix pour cent du peuple français avaient fait partie de la Résistance. Je m'étais lourdement trompée.

Durant toutes ces années de clandestinité pour échapper à la police française et aux nazis, nous avions fait l'expérience de la peur sous toutes ses formes. Une fois rentrée à Paris avec mes parents, c'est une autre expérience qui m'attendait : l'antisémitisme à découvert. Tant de Français avaient collaboré que seule une petite minorité de Juifs était encore présente en France.

En 1946, Paris était en état de choc ; personne ne savait comment se conduire, comment reprendre une vie normale. Beaucoup de gens continuaient à faire subir aux Juifs le traitement inhumain qu'ils leur avaient infligé pendant l'Occupation. Ils refusaient de leur restituer les appartements, les commerces ou les biens qui leur appartenaient et qu'ils avaient toute raison de réclamer. Les petits commerçants tenaient les Juifs responsables de leurs difficultés économiques ; les trafiquants de marché noir en voulaient aux Juifs, car leurs propres pratiques corruptrices avaient pris fin à la libération de la France et ils ne pouvaient plus en tirer profit.

Comment expliquer la bonté des gens du Midi de la France avec lesquels nous avions été en contact ? Nombreux étaient ceux qui avaient été prêts à mettre leur propre vie en danger, en travaillant pour la Résistance et en abritant des familles juives. Beaucoup de Juifs avaient survécu à l'Occupation en France, grâce à ces courageux paysans qui ne connaissaient pas la signification des mots « Juifs » et

« antisémitisme ». « Qu'est-ce que c'est au juste un Juif ? », demandaient-ils souvent à Papa.

Vers la fin des années soixante, je me rendis dans le Midi de la France avec Harry, mon époux. Après m'être renseignée sur les Fédou et les Valat à la Préfecture du Tarn, nous sommes partis pour Arthès. Le village n'avait pas beaucoup changé au cours de ces années, sauf ses proportions qui me paraissaient bien différentes. Les maisons, qui jadis semblaient si hautes, étaient loin de l'être. Les latrines où mon père s'était caché avaient été remplacées par des appartements. Nous avons repéré l'immeuble où mes parents et moi étions cachés et avons découvert que c'était Andrée Fédou qui occupait à présent l'étage avec sa propre famille. Nous nous sommes tout de suite reconnues et les larmes nous sont montées aux yeux. Les mots étaient inutiles, car un lien étonnant existait déjà entre nous. Je fis la connaissance de sa fille, âgée de quinze ans, et je lui présentais mon mari.

Lucette Fédou vivait à Saint-Juéry. Mariée depuis longtemps, elle était non seulement mère de famille, mais aussi grand-mère, et Madame Fédou, arrière-grand-mère. Lucette réunit tous les Fédou sous son toit et organisa une réunion spéciale en notre honneur. Plutôt que de revivre les événements passés, nous voulions célébrer l'amitié retrouvée. Les Fédou étaient si heureux pour moi et si contents de rencontrer mon époux américain !

Il ne leur vint jamais à l'idée d'expliquer leurs actions ou les raisons pour lesquelles ils avaient risqué leur vie pour sauver ma famille. Pour eux, c'était ce qu'il fallait faire. Je suis certaine qu'à ce jour, ils sont encore incapables d'expliquer pourquoi tant de personnes sont restées indifférentes ou ont accepté de collaborer avec les nazis.

Un grand nombre de souvenirs de la guerre me revinrent à l'esprit lors de cette visite. Pour moi, la boucle était enfin bouclée, et il était temps, désormais, d'aborder un nouveau chapitre de ma vie. En voyant combien ces gens étaient authentiques et sincères, je ressentais, pour la première fois, un sentiment de paix et de gratitude.

Leurs actes de bravoure, accomplis au quotidien, provenaient de la conscience collective des gens du village. Ils agissaient spontanément, sans discuter. On avait besoin d'eux et ils étaient prêts. Les gens d'Arthès, qu'ils fussent gaullistes, chrétiens, communistes ou socialistes, partageaient un même héritage : celui de la persécution. Leurs ancêtres avaient souffert des injustices du système féodal et de l'Église elle-même, et de celles plus récentes des dix-neuvième et vingtième siècles. Cela leur avait-il aiguisé un sixième sens pour une mission inconnue, enfouie dans leur conscience, qui se réveilla lorsqu'ils furent confrontés à l'horreur de la Shoah ? La terrible souffrance subie par les Juifs qui se trouvaient parmi eux, fut une réalité à laquelle ils réagirent presque instinctivement.

De gauche à droite : Louise Fédou, Ruth Hartz, Lucette Fédou Cormary, André Cormary, Francine Cormary Bousquet, Michel Bousquet, bébé Laurent, Josette Cormary Colombéra.

Eugène et Louise Fédou ainsi qu'Henri et Jeanne Valat ont reçu la Médaille des Justes parmi Les Nations, de Yad Vashem, à Jérusalem. La cérémonie a eu lieu à Albi en présence des descendants des deux familles, le 11 janvier 2000. Le 14 avril 2002, 600 personnes assistèrent à une cérémonie spéciale, organisée à la synagogue Rodeph Shalom à Philadelphie (Pennsylvanie, aux États-Unis), en l'honneur de Lucette, André et leur fille Francine.

Ce livre est non seulement une chronique personnelle, mais aussi un hommage à l'héroïsme de nos amis. Leurs actions, au nom de tant d'innocents, sont un témoignage dont il faut se souvenir et qui, je l'espère, permettra d'éviter le renouvellement de telles horreurs à l'avenir.

Certificat de Yad Vashem, « Justes parmi les Nations »

Appendice A : Occupation nazie en France

En novembre 1938, avant l'Occupation nazie, des rumeurs et des comptes rendus sur les pogroms de *Kristallnacht* (Nuit de Cristal) se répandirent parmi les Juifs de France. Après l'assassinat du Troisième Secrétaire Ernst von Rath à l'Ambassade d'Allemagne à Paris, par Herschel Grynszpan[1], les nazis commirent les représailles les plus sévères jusque là contre les 600 000 Juifs allemands. Des manifestations antijuives furent organisées par les membres officiels du parti nazi, et conduites par des SS et d'autres membres du parti habillés en civil pour ne pas être identifiés.

Pendant la nuit du 9 novembre jusqu'au 10 au matin, des synagogues furent profanées et brûlées, des commerces détruits, des vitrines de magasins brisées et des habitations dévalisées et pillées à travers toute l'Allemagne. Un grand nombre de Juifs — riches et pauvres, jeunes et moins jeunes — furent sauvagement assassinés ; d'autres furent blessés et arrêtés dans les rues. Des propriétaires de magasins et de commerces, dont les immeubles et propriétés avaient été incendiés, ne reçurent aucune assistance. En fait, « l'action spontanée » fut menée si rapidement et avec une telle vague de fureur dans toute l'Allemagne, qu'il était difficile de croire que l'exécution de la *Kristallnacht* n'avait pas demandé des jours, voire des semaines de préparation[2].

Les actes de violence en Rhénanie, d'où les parents de Ruth étaient originaires, avaient été d'une brutalité incomparable, puisque c'est dans cette région que les funérailles de von Rath eurent lieu. La destruction par le feu de demeures,

---

[1] 1 Un jeune Juif polonais dont les parents et la famille avaient été déportés vers un camp polonais et qui lui-même vivait à Paris. Rita Thalmann et Emmanuel Feinermann, *Crystal Night :* 9–10 novembre 1938, New York, Coward, McCann et Geoghegan, 1974, 33. (Édition française : voir Bibliographie.)

[2] Ibid., 66, 68.

d'écoles, de magasins juifs et de synagogues continua au-
delà du 10 novembre. Des milliers d'hommes juifs du centre
et du sud de l'Allemagne furent envoyés dans les camps de
concentration de Dachau (le premier, établi en 1933),
Buchenwald et Sachsenhausen. Ces camps avaient été établis
pour éliminer tous les ennemis du nazisme.

Lorsque Adolf Hitler est devenu Chancelier, un grand
nombre de Juifs se réfugièrent en France. Des centaines de
familles partirent vers le Sud, dans les régions françaises non
occupées. D'après le gouvernement de Vichy, les Juifs
étrangers s'étaient approprié des emplois et des commerces
qui auraient dû être occupés et gérés uniquement par des
citoyens français. Ce gouvernement avait l'intention d'expulser tous les Juifs étrangers de la Zone non occupée et de
les diriger vers la Zone occupée, où ils ne seraient plus sous
le régime fantoche de Pétain. Là, les Allemands pourraient
les arrêter et les déporter, leur but étant de « purifier »
l'Europe des Juifs[3].

En août 1940, la ligne de démarcation fut brusquement
fermée des deux côtés, si bien que les Juifs ne pouvaient plus
circuler librement vers la Zone sud non occupée. Pour
pouvoir traverser cette zone, il fallait trouver un passeur, qui
demandait généralement une forte somme. Beaucoup de
Juifs n'y sont jamais parvenus.

La « Solution finale » d'Hitler débuta pour les Juifs
d'Europe le 7 décembre 1941, le jour-même où les Japonais
attaquaient la flotte américaine à Pearl Harbor. Ce jour-là,
sept cents Juifs furent déportés vers le camp de la mort de
Chelmno en Pologne[4]. Les États-Unis étant maintenant en
guerre, les Juifs commencèrent à espérer que le conflit ne
durerait plus longtemps, et que la victoire alliée était presque
une certitude. Mais cet espoir fut de courte durée, car les
nouvelles reçues dans les villages isolés du Sud de la France

---

[3] Michael R. Marrus et Robert O. Paxton, *Vichy France and the Jews,*
New York, Schocken, 1983, 10. (Édition française : voir Bibliographie.)
[4] Martin Gilbert, *The Holocaust: A History of the Jews of Europe during
the Second World War,* New York, Holt, Rinehart et Winston, 1985, 240.

faisaient part d'actes de violence et de cruauté commis par les nazis. C'est ainsi qu'on apprit que plus de quarante Juifs, tous natifs de Pologne, avaient été fusillés à Paris, en décembre, pour activité dans la Résistance. En mars 1942, un train avait quitté la Rhénanie, transportant des Juifs de la région vers une destination inconnue à « l'Est ». Puis plus d'un millier de Juifs avaient été capturés à Paris et détenus dans un camp de détention à Compiègne, avant d'être également déportés à la fin mars vers « l'Est[5] ». Personne ne connaissait le sort qui attendait ces malheureux.

En janvier 1942, dans la Zone sud, on comptait entre 300 000 et 350 000 Juifs, dont la moitié était considérée comme des étrangers[6]. Lors de la Conférence de Wannsee, le 20 janvier 1942, les nazis décrétèrent que tous les Juifs d'Europe devaient être annihilés. Selon les statistiques présentées au cours de la conférence, onze millions de Juifs devaient être « transférés vers l'Est ». Alors que les détails sur la Solution finale étaient tenus dans le plus strict secret[7], les rumeurs sur ce qui arriverait aux Juifs qui seraient raflés étaient terrifiantes. Les comptes rendus sur la terrible rafle du Vélodrome d'Hiver, à Paris, le 16 juillet 1942, firent craindre le pire. Ce jour-là, environ 13 150 Juifs furent raflés à Paris ; sur ce nombre, 8 160 furent emmenés vers un stade couvert, le Vélodrome d'Hiver, où ils furent détenus. De là, environ 4 000 parents et enfants furent envoyés dans plusieurs camps ; les parents et les enfants plus âgés furent déportés. Quant aux plus jeunes, on les parqua dans un bâtiment en construction à Drancy à la mi-août et leur déportation s'effectua par vagues entre le 20 et le 31 août[8].

Même lorsque la guerre se termina et que les Allemands se replièrent, les atrocités continuèrent — en particulier le massacre d'Oradour-sur-Glane, le 10 juin 1944. Pour se venger des partisans de la région qui attaquaient les troupes SS

---

[5] Ibid., 241, 307, 309.

[6] Marrus et Paxton, *Vichy France and the Jews,* xiv.

[7] Gilbert, *The Holocaust,* 281, 284, 313.

[8] Beate Klarsfeld, correspondance personnelle, le 21 décembre 1998.

se dirigeant du sud-ouest vers la Normandie après le débarquement du 6 juin, les nazis répliquèrent de façon brutale en pénétrant dans le village d'Oradour-sur-Glane. Ils y fusillèrent tous les hommes et emmenèrent ensuite presque cinq cents femmes et enfants vers l'église, avec le curé du village, l'Abbé J. B. Chappelle ; ils les y enfermèrent et les brûlèrent vifs. Les nazis ne partirent qu'après avoir réduit le village en ruines fumantes. Des centaines de corps carbonisés furent retirés de l'église et d'autres furent retrouvés un peu partout dans le village après le massacre. On retrouva les restes carbonisés de deux petits garçons, couchés la main dans la main, dans ce qui avait été un confessionnal. Une femme avait sauté d'une des fenêtres de l'église et avait survécu. Agée de quarante-six ans, elle avait perdu à Oradour son mari, son frère, ses deux fils et son petit-fils. Encore aujourd'hui, le village d'Oradour-sur-Glane est resté tel que les nazis l'avaient laissé en 1944.

Appendice B : la Résistance française

Dans les petits villages du Sud de la France, il y avait un fort courant de résistance pouvant être retracé aux Albigeois du 12e siècle, qui avaient peuplé le Sud de la France et le nord de l'Italie. Les Albigeois, devant leur nom à la ville d'Albi, faisaient partie d'une secte qui revendiquait le suicide et la famine et qui avait dénoncé la maternité, le mariage et la consommation de viande. La secte, connue sous le nom de Cathares, s'était développée jusqu'à ce que l'Église catholique la dénonça comme hérétique au milieu du 12e siècle, et mena une croisade contre elle. Vers 1300, les Albigeois avaient disparu non seulement de la France, mais de toute l'Europe occidentale.

Les villageois étaient également par tradition socialistes ; un des grands dirigeants du parti socialiste, Jean Jaurès, était originaire de cette région. Ayant combattu l'envahisseur pendant des siècles, presque tous les jeunes gens faisaient partie d'un mouvement de Résistance, ou lui apportaient de l'aide, lors de l'Occupation nazie en France.

Le réseau de Résistance auquel appartenaient les jeunes gens d'Arthès et de Saint-Juéry était connu sous le nom de Réseau Garel ; il avait été organisé sous la direction conjointe de Georges Garel, un ingénieur russe venant de Lyon, représentant les Juifs, spécialisé aussi dans le sabotage et l'activité clandestine ; de l'OSE (Œuvre de secours aux enfants — organisation juive) ; et de l'Archevêque Saliège de Toulouse, qui servait de lien entre l'OSE et les organismes sociaux et religieux non juifs. En fait, l'argent distribué par l'OSE aux familles réfugiées, comme celle de Ruth, provenait en grande partie des Quakers.

En 1944, vers la fin de la guerre, les forces libres françaises comptaient quelque 100 000 hommes. Cependant, la

Résistance française n'avait pas d'armée organisée[1], et les forces restèrent divisées jusqu' à la fin de la guerre[2].

Les églises jouaient également un rôle dans la protection des Juifs. Beaucoup d'ecclésiastiques étaient membres de l'Amitié chrétienne, une organisation parrainée par des catholiques et des protestants ainsi que par Pierre Gerlier, Archevêque Cardinal de Lyon. Les membres de l'Amitié chrétienne, avec le Père Chaillet comme directeur régional[3] à cette époque, travaillaient en étroite collaboration pour aider les Juifs contraints à la clandestinité[4]. D'autres ecclésiastiques appartenaient au Comité de Nîmes, un groupe de vingt-cinq organismes religieux et laïques qui contribua à aider l'ensemble des réfugiés : ceux qui étaient dans les camps d'internement, ceux qui vivaient dans la clandestinité et enfin, ceux qui vivaient encore librement[5].

Les rafles à Paris avaient provoqué une protestation écrite, adressée au Maréchal Pétain, de la part des cardinaux et archevêques catholiques de la Zone nord. Lorsque les actions commencèrent dans la Zone sud en août 1942, le Cardinal Saliège, Archevêque de Toulouse, avait publié la première protestation épiscopale contre la déportation des Juifs[6].

Le Rabbin Kaplan, Grand Rabbin de France, se rendit chez le Cardinal Gerlier de Lyon, le 17 août, et décrivit le traitement brutal et inhumain des Juifs dont il avait été

---

[1] H. R. Kedward, *Resistance in Vichy France,* Oxford, Oxford University Press, 1978, 232, 247 ; Susan Zuccotti, *The Holocaust, the French and the Jews,* New York, Basic Books, 1993, 275, 277.

[2] Hillel J. Kieval, *Legality and Resistance in Vichy France: The Rescue of Jewish Children,* proceedings of the American Philosophical Society, vol. 124, n° 5, octobre 1980, 339, 360.

[3] Kieval, *Legality and Resistance,* 358, 360.

[4] Nora Levin, *The Holocaust – The Destruction of European Jewry*: 1933-1945 (New York: Schocken, 1973), 435.

[5] Donald Lowrie, *The Hunted Children,* New York, W. W. Norton, 1963, 83.

[6] Henri de Lubac, *Christian Resistance to Anti-Semitism: Memories from 1940–1944,* San Francisco, Ignatius, 1990, 146–147. (Édition française : voir Bibliographie.)

témoin peu de temps auparavant, au cours d'une rafle dans une gare. Le Cardinal Gerlier eut immédiatement une entrevue avec le Pasteur protestant Marc Boegner, qui parrainait également l'Amitié chrétienne, et ils décidèrent « d'écrire ensemble au Chef de l'État, l'un au nom de la Fédération protestante, l'autre au nom de " tous les archevêques de la Zone libre " ». Le Cardinal Gerlier commença sa lettre de protestation en « affirmant sa solidarité avec la protestation officielle en provenance de Paris ». Pendant un certain temps, les déportations de France, qui s'étaient jusque là accélérées, diminuèrent. Cependant, vers la fin du mois, l'Archevêque de Toulouse et le Cardinal Gerlier de Lyon publièrent ensemble des lettres de protestations. Ainsi, le 23 août, chaque prêtre catholique de chaque paroisse du Diocèse de Toulouse fit, du haut de sa chaire, la lecture de la lettre de l'Archevêque Saliège, dénonçant les récentes rafles dans la Zone sud. La protestation de Lyon fut « diffusée le 6 septembre dans les mêmes conditions que celle de Toulouse »[7].

Ces lettres de protestations eurent un effet immédiat sur le public, qui s'indigna des mauvais traitements infligés aux Juifs. Des débats eurent lieu « en vue de sauver les enfants » ; [. . .] Gerlier participait à tout ça de très près » ; et pourtant, d'autres rafles eurent lieu les 26, 27 et 28 août. Parmi les autres protestations, il y eut celle de l'Évêque de Montauban le 30 août, celle de l'Évêque de Marseille le 6 septembre (avec celle de Gerlier) et celles des évêques d'Albi et de Bayonne, le 20 septembre. Les protestations de l'Évêque Théas de Montauban et du Cardinal Gerlier de Lyon furent diffusées sur Radio Londres le 15 septembre. En dépit de l'activité accrue de la censure, et même des menaces contre la vie du clergé (catholique et protestant), ces hommes d'église luttèrent énergiquement en faveur des enfants juifs et de leurs parents, et cherchèrent à les placer dans des couvents catholiques ou des foyers privés, et à leur procurer

---

[7] Ibid., 150–151, 158–159, 163.

de faux papiers ainsi que les services nécessaires à leur survie[8].

Outre les protestations de l'Archevêque Saliège et du Cardinal Gerlier, certains organismes, tels que l'OSE et l'Amitié chrétienne, firent également tous les efforts possibles pour cacher des enfants juifs.

L'École de Sorèze, dans le Département du Tarn, était un internat pendant la guerre, sous la direction des Pères dominicains, une association religieuse catholique de frères, fondée par Saint Dominique en 1216[9], et dédiée au prêche et à l'enseignement. Les Pères dominicains avaient ouvert Sorèze vers 1800 et, pendant la guerre, l'école était dirigée par le Père Créchet. Comme c'était la coutume dans bien des collèges dominicains, un ordre de religieuses fut recruté pour l'entretien des chapelles, des buanderies, des vêtements ainsi que pour les travaux de cuisine du collège. Toutefois, les religieuses n'avaient vraisemblablement aucun contact avec les frères, sauf pour les services liturgiques.

En ce qui concerne le collège lui-même, les frères, dont la congrégation était consacrée à l'instruction de la jeunesse, s'occupaient de l'éducation des jeunes gens les plus âgés. Quant aux religieuses, elles étaient responsables de l'administration des orphelinats pour jeunes enfants. Celles de Sorèze, par exemple, faisaient partie de l'Ordre espagnol de l'Annunciata, dont le siège était en Espagne. Comme Sorèze était proche de Toulouse, il est probable que son directeur ait répondu au plaidoyer de l'Archevêque Saliège, encourageant les catholiques à cacher des enfants juifs pour les protéger de la Gestapo et de la police française[10, 11]. Les jeunes enfants étaient placés sous la responsabilité des religieuses.

Il n'existe aucun document écrit sur les enfants juifs qui ont été cachés à Sorèze, mais un comptable de l'école

---

[8] Ibid., 150–151, 158–159, 163.

[9] Henri Lacordaire, *Essay on the Re-establishment in France of the Order of Preacher,* Dublin, Dominican, 1983, 18. (Édition française : voir Bibliographie.)

[10] Levin, *The Holocaust,* 435.

[11] Lowrie, *The Hunted Children,* 188.

actuelle, dont la grand-mère était infirmière à Sorèze pendant la guerre, se souvient de dix enfants juifs placés à Sorèze sous de faux noms. Certains employés étaient également des Juifs allemands clandestins. Seuls le Révérend Père Audouard, le Père Charlet (l'économe) et la Mère supérieure savaient que des enfants juifs étaient placés à l'orphelinat. Pour les autres religieuses, tous les élèves étaient simplement orphelins. Les enfants juifs n'étaient pas censés devenir catholiques[12], mais ils étaient instruits dans la foi. On n'acceptait pas plus de dix enfants juifs à la fois, en raison des menaces permanentes d'inspection par la police locale et, plus tard, par la Gestapo.

---

[12] Levin, *The Holocaust,* 325. [L'Amitié chrétienne, parrainée par le Cardinal Gerlier, avait promis que les institutions chrétiennes et les communautés catholiques qui avaient décidé de cacher des enfants juifs n'essaieraient pas de les convertir.]

RÉFÉRENCES

BIBLIOGRAPHIE

ARON Robert, *Histoire de Vichy — 1940–1944,* Paris, Fayard, 1959.

AMOUROUX Henri, *Le 18 Juin 1940,* Paris, Fayard, 1964.

AMOUROUX Henri, *Le Peuple du Désastre — 1939–1940 : La Grande Histoire des Français sous l'Occupation,* Paris, Laffont, 1976.

BARBER Noel, *The Week France Fell,* New York, Stein & Day, 1976.

BARNETT Barbara P., *Visages de la Shoah : Marcel Jabelot,* Wayne, Pennsylvania (États-Unis), Beach Lloyd Publishers, 2004.

BRISSAUD André, *La Dernière Année de Vichy — 1943–1944,* Paris, Presses Pocket, 1965.

Centre de documentation juive contemporaine, *Activité des organisations juives en France sous l'Occupation,* Paris, Centre de documentation juive contemporaine, 1947.

DANK Milton, *The Dangerous Game,* New York, J. B. Lippincott, 1977.

DANK Milton, *The French Against the French—Collaboration and Resistance,* New York, J. B. Lippincott, 1974.

DE BAYAC J. Delperrie, *Histoire de la Milice,* Paris, Fayard, 1969.

DE LUBAC Henri, *Christian Resistance to Anti-Semitism: Memories from 1940–1944,* San Francisco, Ignatius, 1990.

DE LUBAC Henri, *Résistance chrétienne à l'antisémitisme : souvenirs 1940–1944,* Paris, Fayard, c1988.

DUQUESNE Jacques, *Les Catholiques français sous l'Occupation,* Paris, Grasset, 1966.

FLANNERY Edward H., *The Anguish of the Jews: twenty-three centuries of anti-Semitism,* New York, Paulist, 1985.

GENÊT Janet Flanner, *Paris Journal—1944–1965,* New York, Harcourt Brace Jovanovich, 1965.

GILBERT Martin, *The Holocaust: A History of the Jews of Europe during the Second World War,* New York, Holt, Rinehart and Winston, 1985.

HALLIE Philip, *Lest Innocent Blood Be Shed,* New York, Harper & Row, 1979.

HASTINGS Max and STEVENS George, *Victory in Europe,* Boston, Little, Brown, 1985.

HENRY Frances, *Victims and Neighbors: A Small Town in Nazi Germany Remembered,* Westport, Connecticut, Greenwood, 1984.

HIVERNAUD Albert, *Petite Histoire d'Oradour-Sur-Glane,* Limoges, Bontemps, 1985.

ISAACMAN Clara, raconté à Joan Adess Grossman, *Clara's Story,* Philadelphia, Jewish Publication Society of America, 1984.

JOFFO Joseph, *Un Sac de Billes,* Hachette, Collection Le Livre de Poche, 1982.

KEDWARD H. R., *Resistance in Vichy France,* New York, Oxford University Press, 1978.

KIEVAL Hillel J., *Legality and Resistance in Vichy France: the rescue of Jewish children,* proceedings of the American Philosophical Society, vol. 124, n° 5, octobre 1980.

KLARSFELD Serge, *Les enfants d'Izieu : une tragédie juive,* documentation réunie et publiée par Serge Klarsfeld, Éditions AZ Repro, Paris, 1984.

KLARSFELD Serge, *Mémorial de la déportation des Juifs de France,* Paris, 1978.

KLARSFELD Serge, *Le Mémorial des Enfants juifs déportés de France.* Édité et publié par l'Association « Les Fils et Filles des déportés juifs de France » et par The Beate Klarsfeld Foundation, Paris, octobre 1994.

KOONZ Claudia, *Mothers in the Fatherland: Women, the Family and Nazi Politics,* New York, St. Martin's, 1987.

LACORDAIRE Jean-Baptiste Henri, *Mémoire pour le rétablissement en France de l'ordre des frères prêcheurs,* Rome, 1839.

LACORDAIRE Jean-Baptiste Henri, *Essay on the Re-establishment in France of the Order of Preachers,* Dublin, Dominican, 1983.

L'Association « Les Fils et filles des déportés juifs de France », *Les Juifs sous l'Occupation : Recueil des textes officiels, français et allemands, 1940–1944,* Paris, l'Association « Les Fils et filles des déportés juifs de France », 1982.

LEVIN Nora, *The Holocaust—the Destruction of European Jewry: 1933–1945,* New York, Schocken, 1973.

Livre de prières de l'Union pour la Foi juive, 1940.

LOTTMAN Herbert R., *Pétain,* Paris, Seuil, 1984.

LOWRIE Donald, *The Hunted Children,* New York, W. W. Norton, 1963.

MARRUS Michael R. et PAXTON Robert O., *Vichy et les Juifs,* Calmann-Lévy, 1981.

PRYCE-JONES David, *Paris in the Third Reich,* London, William Collins Sons, 1981.

RICKARD Charles, *Albi,* Rennes, Ouest France, 1983.

ROSSITER Margaret L., *Women in the Resistance,* New York, Praeger, 1986.

SHIRER William L., *Le Troisième Reich : des origines à la chute,* Livre de Poche, 1965–1966, 2 volumes.

THALMANN Rita et FEINERMANN Emmanuel, *La nuit de crystal,* Montréal, Éditions du jour ; Paris, Éditions R. Laffont, 1972.

WELLARD James T., *The French Foreign Legion,* Boston, Little, Brown, 1974.

WIESEL Elie, *L'Aube,* Éditions du Seuil, 1960.

WIESEL Elie, *La Nuit,* Éditions de Minuit, 1958.

WOLF Jacqueline, *Récit en hommage aux Français au temps de l'Occupation : itinérance de deux enfants — « Prends soin de Josette ! »,* Collection Mémoires du XXe siècle, Éditions L'Harmattan, 2002.

ZEITOUN Sabine, *L'Oeuvre de Secours aux enfants (OSE) sous l'Occupation en France, 1940–1944*, Paris, L'Harmattan, 1990.

ZUCCOTTI Susan, *The Holocaust, the French, and the Jews,* New York, Basic, 1993.

SITES WEB (avril 2005)

Les anciens Sauts du Tarn. www.mairie-arthes.fr

Promesses de la Paque.
http://perso.wanadoo.fr/cyrille.kehl/archives/etoiles/
etoiles1991/etoile1991-03/etoile1991-03_promesses_
de_la_paque.htm

Vues de la ville d'Arthès aujourd'hui.
http://christophe.carrière.chez.tiscali.fr/page_photos_
arthes.html

VIDÉOGRAPHIE

BARNETT Barbara P., *Faces of the Holocaust / Visages de la Shoah : Marcel Jabelot,* VHS 1995 et DVD 2004, disponibles exclusivement auprès de Beach Lloyd Publishers.

MALLE Louis, *Au Revoir les enfants,* Orion Pictures Corporation, 1987.

OPHULS Marcel, *Le Chagrin et la pitié,* 1969.
The Sorrow and the Pity, RCA Columbia Pictures, 1972.

SAUVAGE Pierre, *Les armes de l'esprit,* Pierre Sauvage, 1987.
Weapons of the Spirit, Pierre Sauvage Productions and Friends of Le Chambon Inc., 1988.

L'AUTEUR

S tacy Cretzmeyer, l'auteur, est écrivain, professeur et psychologue. Elle est titulaire d'une maîtrise ès lettres du programme Hollins Creative Writing, et d'un doctorat en psychologie pédagogique de l'Université de Caroline du Sud. Ms. Cretzmeyer est récipiendaire de plusieurs prix littéraires, notamment le prix de l'Académie des poètes américains et le prix Hollins Fiction. Elle exerce son métier de psychologue auprès d'une clientèle privée, et habite Pawley's Island en Caroline du Sud. Elle travaille actuellement sur un nouveau roman.

Avril 2005

Ruth Kapp Hartz, après avoir survécu les horreurs de la guerre en France, a immigré aux États-Unis en 1958. Elle a enseigné le français pendant plus de trente ans dont vingt-deux à l'École Springside de Philadelphie, où elle a eu le plaisir d'avoir Stacy Cretzmeyer comme élève. Madame Hartz se dévoue aujourd'hui à un travail de Mémoire sur la Shoah, la tolérance, le préjudice et la discrimination qu'elle présente dans les établissements scolaires, lycées, universités et autres institutions intéressées. En mars 2005, la communauté des femmes de la synagogue Rodeph Shalom à Philadelphie a honoré Ruth Hartz du "Selda Frieder Award for Outstanding Community Service." Elle est membre du Comité officiel de la Shoah pour l'État de Pennsylvanie.

Ruth Hartz est très fière de sa famille, qui comprend six petits-enfants.

INDEX

En cas d'entrées multiples, seule la première qui apparaît dans une section ou un chapitre sera accompagnée d'un numéro de page.

Beach Lloyd
PUBLISHERS
LLC

Web : http://www.beachlloyd.com
Courriel : BEACHLLOYD@erols.com
Téléphone (610) 407-0130 ou
1-866-218-3253, poste 8668 (appel gratuit aux
États-Unis)
Télécopieur (775) 254-0633

P.O. Box 2183
Southeastern, PA 19399-2183
USA

BON DE COMMANDE

Visitez www.BEACHLLOYD.com pour toutes les publications.

🖨 **Télécopieur** : envoyez ce formulaire au 775-254-0633.

☎ **Téléphone** : composez le 610-407-0130 ou le
1-866-218-3253, poste 8668 (appel gratuit aux États-Unis)
Vous pouvez effectuer le règlement par carte de crédit.

💻 **Courriel** : BEACHLLOYD@erols.com

🖳 **Poste** : Beach Lloyd Publishers, LLC
Joanne S. Silver, Mgr.
P.O. Box 2183
Southeastern, PA 19399-2183, USA

Votre commande :

_____

_____

Nom : _____

Adresse : _____

Ville : _____ Code postal : _____ État : ___

Téléphone : _____

Courriel : _____

Taxe : 6 % en Pennsylvanie (États-Unis)
Expédition US 4,00 US$ premier article, 2,00 US$ chacun
des suivants ; à l'étranger par Global Priority (jusqu'à une
livre US), 9,00 US$; autres quantités par devis.

Règlement :
☐ Chèque en $ américains à Beach Lloyd Publishers, LLC
☐ Visa ☐ MasterCard ☐ Carte Bleu
Numéro de carte :

_____

Nom du titulaire : _____

Date d'expiration de la carte : _____